CHRISTIANE KRUSE

MACHT, OHNMACHT, WIDERSTAND

Frauen in der Zeit des Nationalsozialismus

50 PORTRÄTS

BRAUS

INHALT

VORWORT

Die NS-Ideologie war eindeutig frauenfeindlich. Entscheidungsträger waren ausschließlich die Männer der NS-Elite, Frauen wurden von politischer Mitgestaltung fast vollkommen ausgeschlossen und aus verantwortungsvollen öffentlichen Ämtern möglichst ferngehalten. Ihre Rolle als »Gefährtin des Manns«, als Hausfrau und Mutter dagegen wurde geradezu mystifiziert und mit allen Mitteln der Propaganda beworben.

Dennoch verhielten sich die Frauen im NS-System kaum anders als die dominierenden Männer. Neben der überwiegenden Mehrheit, die die Diktatur des »Dritten Reichs« begrüßte oder sich mit ihr arrangierte, gab es fanatische Nationalsozialistinnen und Profiteurinnen, Mitläuferinnen und Täterinnen, Frauen in der Opposition und im aktiven Widerstand.

Die für das Buch ausgewählten fünfzig Biografien prominenter und weniger bekannter Frauen ermöglichen vertiefte Einblicke in ganz unterschiedliche Lebenswege und Schicksale. Sie zeigen Widersprüche, genutzte Handlungsspielräume oder Zwangslagen und zeichnen ein differenziertes Bild der Frauen in der NS-Diktatur.

Frauen bei der Herstellung von Hakenkreuzfahnen, 1933

DAS FRAUENBILD IM NATIONALSOZIALISMUS

»Der Kochlöffel ist die Waffe der Frau«

»Die deutschen Frauen [...] haben keine Sehnsucht nach der Fabrik, keine Sehnsucht nach dem Büro und auch keine Sehnsucht nach dem Parlament. Ein trautes Heim, ein lieber Mann und eine Schar glücklicher Kinder steht ihrem Herzen näher. [...] ihre Welt ist ihr Mann, die Familie, ihre Kinder und ihr Haus. [...] Die Vorsehung hat der Frau die Sorgen um diese ihre eigenste Welt zugewiesen, aus der sich dann erst die Welt des Mannes bilden und aufbauen kann.« (Adolf Hitler, 1934)

Nachdem Frauen in der Weimarer Republik zunehmend studierten und die Arbeitswelt eroberten, begann mit dem Machtantritt der Nationalsozialisten Anfang 1933 ihre massive Verdrängung aus dem öffentlichen Leben in Deutschland. Vor allem auf gebildete Frauen, die eine eigene Meinung vertraten und kritische Fragen stellten, gab es einen regelrechten Hass. Akademikerinnen wurden entlassen, »Medizinerinnen wurde die Kassenzulassung erschwert und Juristinnen die Richterlaufbahn versperrt.« (Martha Schad) Nach dem »Reichsgesetz gegen die Überfüllung von Schulen und Hochschulen« vom 25. April 1933 sollte der Anteil der Studentinnen an deutschen Universitäten nur noch zehn Prozent betragen. Systematisch betrieb der NS-Staat die frühzeitige Vorbereitung der Mädchen auf ihre Rolle als Hausfrau, Ehefrau und Mutter. Bereits im Alter von zehn bis vierzehn Jahren waren sie im »Jungmädelbund« und bis siebzehn anschließend im »Bund Deutscher Mädel« (BDM), dem weiblichen Pendant zur »Hitlerjugend«, organisiert. Es wurde zudem ein Reichsarbeitsdienst (RAD) für Frauen im Alter von achtzehn bis fünfundzwanzig Jahren eingerichtet, der, zunächst nur für Abiturientinnen vorgesehen, ab 1939 für alle jungen Frauen verpflichtend war.

Babykurs des Reichsmütterdienstes, um 1935

Der NS-Frauenschaft, geleitet von Gertrud Scholtz-Klink, der einzigen Frau, die im Nationalsozialismus als »Reichsfrauenführerin« ein hohes politisches, wenngleich einflussarmes Amt besaß, unterstand der »Reichsmütterdienst«, der Kurse zur Haushaltsführung, Gesundheitsfürsorge und zu Erziehungsfragen anbot. 1938 wurde für Mütter mit besonders vielen Kindern das »Mutterkreuz« (»Ehrenkreuz der deutschen Mutter«) eingeführt, denn »[...] erst bei drei bis vier Kindern bleibt der Bestand des Volkes sichergestellt. Du vergehst; was Du Deinen Nachkommen gibst, bleibt; in ihnen feierst Du Auferstehung. Dein Volk lebt ewig!« Dabei wurde selbstverständlich auch an Soldatennachwuchs für künftige Kriege gedacht: »Mütter, eure Wiegen sind wie ein schlafendes Heer. Stets bereit zu siegen werden sie nimmermehr leer.« In »Lebensborn-Heimen«, in denen, entgegen einer verbreiteten Annahme, nicht etwa Nachwuchs mit jungen »arischen« SS-Männern gezeugt wurde, konnten ledige Frauen anonym ihre Kinder zur Welt bringen, die anschließend meist von den Familien SS-Angehöriger adoptiert wurden.

Im Verlauf des Zweiten Weltkriegs änderte sich die NS-Frauenpolitik. Da die Männer im erwerbsfähigen Alter als Soldaten eingezogen wurden, »durften« Frauen jetzt wieder arbeiten. Sie wurden vor allem in »kriegswichtigen« Betrieben, in den Munitionsfabriken und zuletzt sogar als »Wehrmachtshelferinnen« im Flugmeldedienst bei der Luftwaffe oder als »Flakhelferinnen« (Flak = Flugabwehrkanone) gebraucht. Im Februar 1945, kurz vor Kriegsende, wurden, als einer der letzten sinnlosen Versuche Hitlers doch noch zu siegen, schließlich sogar noch »Frauenbataillone« aufgestellt.

Macht oder Ohnmacht?

Zahlreiche Jüdinnen oder Frauen mit der »falschen« Weltanschauung emigrierten nach 1933 oder flohen, manchmal im letzten Augenblick, vor den Verfolgungen der Nationalsozialisten aus Deutschland. Unter ihnen waren etwa die Schauspielerin Helene Weigel, die Mathematikerin Emmy Noether, die Physikerin Lise Meitner, die Schriftstellerin Irmgard Keun oder die Sängerin Lotte Lenya. Von der Mehrheit der Deutschen dagegen, von Frauen ebenso wie von Männern, wurde die nationalsozialistische Politik befürwortet oder stillschweigend hingenommen: Die Abschaffung der Pressefreiheit, die Gleichschaltung der Medien, die Bücherverbrennung, die Verhaftung von Sozialdemokraten, Kommunisten, Gewerkschaftlern, Homosexuellen oder Mitgliedern religiöser Minderheiten, die Einrichtung der Konzentrationslager und der Antisemitismus mit den 1935 erlassenen »Nürnberger Rassegesetzen«, nach denen die jüdische Bevölkerung zunächst ihre Bürgerrechte verlor und am Ende in die Vernichtungslager deportiert und ermordet wurde.

Welche Faszination übte der Nationalsozialismus besonders auf die Frauen aus? Obwohl zur »Gehilfin des Mannes« degradiert, aus vielen Berufen gedrängt und an den heimischen Herd abgeschoben, gab es gerade unter ihnen begeisterte Anhängerinnen. Einer Massenpsychose gleich waren sie vom Gemeinschaftskult, den pompös inszenierten Feiern, nächtlichen Fackelzügen und Massenaufmärschen geradezu hypnotisiert. Von vielen wurde Adolf Hitler, dem eine enorme Ausstrahlung auf Frauen nachgesagt wurde, geradezu vergöttert. Zeitgenössische Fotografien zeigen verzückte Gesichter mit Tränen

Das mustergültige Familienbild der Nationalsozialisten auf einem Plakat des Winterhilfswerks, ca. 1938

in den Augen – wann immer er in der Menge seiner weiblichen Fans auftauchte: »Führer befiel, wir folgen Dir!« Die eigens nach München übergesiedelte junge britische Nazianhängerin Unity Mitford wird nicht die einzige Frau gewesen sein, die sich ein Hitlerfoto auf ihren Nachttisch stellte.

Glühende Hitlerverehrerinnen gab es in allen Gesellschaftsschichten. Aber besonders im konservativen Großbürgertum fand er mütterliche Freundinnen, die ihn schon lange vor seiner Machtübernahme förderten, wichtige Kontakte vermittelten und finanziell großzügig unterstützten, unter ihnen Viktoria von Dirksen, Helene Bechstein, Ehefrau des Berliner Klavierfabrikanten, und Elsa Bruckmann, die mit dem Münchner Verleger Hugo Bruckmann verheiratet war. Deutschland nach dem Ersten Weltkrieg wieder zu einer starken Nation aufzubauen – von diesem Versprechen Hitlers ließen sich Frauen wie Männer gleichermaßen blenden.

Die Ehefrauen von Nazigrößen genossen ihre Teilhabe an der Macht ihrer Männer. Gewandt und glamourös repräsentierte Magda Goebbels an der Seite von Propagandaminister Joseph Goebbels und übernahm, da Hitler selbst ledig war, bei offiziellen Anlässen sogar die Rolle der First Lady. Auch die ehemalige Schauspielerin Emmy Göring glänzte neben dem luxusliebenden NS-Reichsmarschall Hermann Göring in der Öffentlichkeit. Nicht allen war die Politik dabei gleichgültig. Gerda Bormann, verheiratet mit Hitlers Sekretär Martin Bormann, und Ilse Heß, die Frau von Hitlerstellvertreter Rudolf Heß, tauschten sich mit ihren Ehemännern regelmäßig über politische Themen und Ereignisse aus. Annelies von Ribbentrop, politisch ebenfalls interessiert und stets gut informiert, hatte sogar wesentlichen Einfluss auf die Parteikarriere ihres Manns, Reichsaußenminister Joachim von Ribbentrop. Kaum eine von ihnen entsprach dabei dem Ideal der nationalsozialistischen Frau. Weder standen sie am häuslichen Herd noch waren sie nordisch-blonde »Maiden«. Im Widerspruch zu der NS-Devise »Die deutsche Frau schminkt sich nicht!« trugen sie auffälliges Make-up und kleideten sich extravagant. Auch der von Frauen erwartete Verzicht auf Zigaretten und Alkohol schien für sie nicht zu gelten. Der staatlich propagierte Kinderreichtum wiederum war lediglich bei Magda Goebbels mit sieben und Gerda Bormann mit neun Kindern zu finden.

Dass Frauen ihr Maß an Einfluss und Macht zum Teil nicht weniger missbrauchten als Männer, belegen die berüchtigten KZ-Aufseherinnen, die Gefangene grausam quälten. Als berühmtestes Beispiel einer sadistischen Frau gilt die »Hexe von Buchenwald«, Ilse Koch, die als Ehefrau des Lagerleiters Karl Otto Koch Häftlinge im KZ Buchenwald systematisch schikanierte und selbst für einen vermeintlich »aufdringlichen« Blick brutal bestrafen ließ.

Prominente Frauen aus dem Kulturbereich stellten sich ganz und gar in den Dienst des Nationalsozialismus. Zu ihnen gehörten unter anderem die Pianistin Elly Ney, die eine fanatische Antisemitin war, ebenso wie Hitlers ergebene Freundin Winifred Wagner, unter deren Leitung sich die jährlichen Bayreuther Wagner-Festspiele zum Kulturevent der Nationalsozialisten entwickelten. Eine fatale Rolle spielte auch die Filmregisseurin Leni Riefenstahl, die die bis heute weltberühmten NS-Propagandadokumentationen »Triumph des Willens« und »Olympia« drehte, oder Hanna Reitsch, eine der wenigen Frauen, die als Testpilotin von Militärmaschinen eine Männerdomäne eroberte. Beide hatten durch ihre Tätigkeiten engen Kontakt zu nationalsozialistischen Einrichtungen, verstanden nach eigenen Behauptungen jedoch nichts von Politik.

Eine lange Reihe von Filmschauspielerinnen, wie Ilse Werner, Luise Ullrich oder Grethe Weiser, ließen sich für Musik- und Revuefilme, Liebesschnulzen, aber auch NS-Propagandastreifen von der Ufa (Universum Film AG) anwerben. Joseph Goebbels, der die NS-Filmindustrie vollständig kontrollierte und erkannt hatte, dass die Unterhaltungsbranche hervorragend zu Ablenkungs- und Propagandazwecken eingesetzt werden konnte, ließ sie gezielt zu Stars für sein »deutsches Hollywood« aufbauen. Mit den Schwedinnen Zarah Leander und Kristina Söderbaum, der Tschechin Lída Baarová oder der Ungarin Marika Rökk konnten gezielt auch ausländische Talente gewonnen werden – der NS-Kulturbetrieb bot gute Karrierechancen. Die wenigsten waren überzeugte Nationalsozialistinnen, billigten das Regime jedoch auf ihre Weise. Außer Lilian Harvey, die 1939 nach Frankreich emigrierte, oder Marlene Dietrich, der Goebbels vergeblich attraktive Angebote machte, um sie aus den USA zurückzuholen, verweigerte sich kaum eine der prominenten Schauspielerinnen dem NS-Kulturbetrieb.

Weiblicher Widerstand

Während sich die Mehrzahl der Frauen von der Naziideologie begeistern, von der Massenhysterie um Hitler hypnotisieren ließ oder sich der »Volksgemeinschaft« anpasste, gab es Frauen, die die Nazis von Anfang an durchschaut und den kommenden Terror schon vor deren Machtantritt klar vorausgesehen hatten. Unter ihnen war die US-amerikanische Journalistin und Auslandskorrespondentin Dorothy Thompson, die bis zu ihrer Ausweisung aus Deutschland bis 1934 in Berlin lebte, Maria Gräfin von Maltzan oder Hannah Gräfin von Bredow. Sie gehörten zu den wenigen, die Hitlers »Mein Kampf« aufmerksam gelesen hatten. In dem 1925 erschienenen Buch, das mit den Jahren eine Gesamtauflage von mehr als zehn Millionen Exemplaren erreichte, legte er seinen Begriff von der Reinhaltung der deutschen Rasse, seinen Judenhass und seinen Plan vom Lebensraum im Osten ausführlich dar. »Wenn er Diktator wird«, schrieb von Bredow schon 1930 in ihr Tagebuch, »wird Deutschland ein Irrenhaus.«

Wie viele Frauen stillen Widerstand gegen das NS-Regime leisteten, ist nicht bekannt. Sie vermieden den Hitlergruß, grüßten Juden oder steckten Zwangsarbeiterinnen ein Stück Brot zu – kleine Gesten, die sie selbst in große Gefahr bringen konnten. Sie handelten aus purer Nächstenliebe, »um zu zeigen, daß es auch wahre Deutsche gibt« wie Johanna Solf, die damals einen oppositionellen Gesprächs- und Helferkreis um sich versammelte, nach Ende des »Dritten Reichs« sagte.

Aus allen gesellschaftlichen Schichten sowie ganz unterschiedlichen weltanschaulichen oder politischen Kreisen fanden Frauen auch in den aktiven Widerstand und kämpften mit ihren Mitteln gegen den Nationalsozialismus. Die Studentin Sophie Scholl, die mit ihrem Bruder Hans und anderen Studierenden die Widerstandsgruppe »Weiße Rose« bildete, ist heute die berühmteste weibliche Figur des NS-Widerstands. Zum losen, aber weitverzweigten linken Kreis der »Roten Kapelle« gehörten nicht nur die relativ prominenten Frauen Libertas Schulze-Boysen und Mildred Harnack, sondern auch die bis heute nur wenig bekannte junge Keramikerin Cato Bontjes van Beek oder die Sekretärin Hilde Coppi.

Ebenso wie sie arbeiteten auch Frauen, die keiner Organisation angehörten, gegen das Naziregime. Die Arbeiterin Elise Hampel legte

Ein Bodendenkmal vor dem Hauptgebäude der Münchner Ludwig-Maximilians-Universität erinnert an den Widerstand der »Weißen Rose« gegen die Nazidiktatur (Robert Schmidt-Matt, 1988)

gemeinsam mit ihrem Mann Postkarten mit Anti-Nazi-Parolen in den Straßen und Häusern Berlins aus. Maria Gräfin von Maltzan, die Potsdamer Musikerin Maimi von Mirbach oder die Sekretärin Helene Jacobs versteckten unter großem Risiko Juden in ihrer Wohnung.

Besonders hoch war der Frauenanteil im kommunistischen Widerstand. Sie gingen enorme Wagnisse ein, für die sie, fast durchweg noch sehr jung, mit ihrem Leben bezahlen mussten: Käthe Niederkirchner, die sich aus Moskau nach Deutschland einschleusen ließ, um kommunistische Widerstandszellen zu unterstützen, oder Liselotte Herrmann, die kriegswichtige Informationen an das Ausland lieferte, dafür 1938 als erste von fast 1100 Frauen im »Dritten Reich« zum Tod verurteilt wurde und in der Hinrichtungsstätte in Berlin-Plötzensee (heute Gedenkstätte) unter der Guillotine starb.

Es genügte aber auch bereits, nur die »falsche« Verwandtschaft zu haben, um vom Regime verfolgt zu werden. Von den Frauen, die als

»Sippenhäftlinge« ins Gefängnis oder Konzentrationslager kamen, ist Nina Schenk Gräfin von Stauffenberg, die Ehefrau des Hitlerattentäters Claus von Stauffenberg, wohl die bekannteste. Nach dem gescheiterten Attentat vom 20. Juli 1944 und der standrechtlichen Erschießung ihres Manns wurde sie bis Kriegsende in das 1939 eingerichtete Frauenkonzentrationslager Ravensbrück (Brandenburg) eingesperrt.

Nach 1945

Ob Emmy Göring, Ilse Heß, Hanna Reitsch, Leni Riefenstahl oder Winifred Wagner – die überwiegende Mehrheit der Frauen, die zum engen Kreis der NS-Elite gehört und vom System profitiert hatte, distanzierte sich lebenslang nicht vom Nationalsozialismus oder verharmloste die Hitlerdiktatur in ihren später veröffentlichten Memoiren. Sie beharrten darauf, ganz und gar unpolitisch gewesen zu sein und von den Verbrechen des NS-Staats nichts gewusst zu haben. Jeder von ihnen gelang es, »ohne Ahnung von dem zu bleiben, wovon sie keine Ahnung haben wollte«, wie die Psychoanalytikerin Margarete Mitscherlich später treffend über Riefenstahl schrieb. Nur ganz wenige reflektierten ihre Rolle im NS-Regime ehrlich und selbstkritisch, unter ihnen Traudl Junge, die mit Anfang Zwanzig als Hitlers Privatsekretärin in seinem bayerischem Berghof oder dem ostpreußischen Führerhauptquartier Wolfsschanze in die unmittelbare Nähe der Macht gerückt war.

Besonders den damaligen Stars, wie Marika Rökk oder Elly Ney, »verzieh« man ihre Verstrickung in das NS-Regime schon bald und sie konnten ihre Karrieren in der Nachkriegszeit mit Erfolg fortsetzen.

LÍDA BAAROVÁ

Schauspielerin

1914 Prag – 2000 Salzburg

Wegen ihrer Liaison mit NS-Propagandaminister Joseph Goebbels wurde sie auch »Geliebte des Teufels« genannt.

Lída Baarová (eigentlich Ludmila Babková) ist heute als einstige Geliebte des berüchtigten NS-Propagandaministers Joseph Goebbels und erst in zweiter Linie als Schauspielerin in Erinnerung. Goebbels »hat sich wahnsinnig in mich verliebt«, äußerte sie rückblickend. »Viele Leute sagen, er wäre ein Teufel. Er ist zu mir nie so gewesen. Ich kann es leider nicht sagen. Zu mir war er immer furchtbar nett. [...] Ob ich ihn auch so geliebt habe? Ich kann es schlecht erklären – sicher habe auch ich ihn geliebt – auf meine Weise. Ich war noch jung – ganze 22 Jahre – und naiv und ich sehnte mich so nach Liebe. Ältere Männer hatten schon immer eine besondere Anziehungskraft auf mich [...].«

Baarová, die bereits in ihrer tschechischen Heimat als Theater- und Filmschauspielerin gefragt war, gab 1934 als »Giacinta Zubaran« in dem z. T. in Venedig gedrehten Drama »Barcarole« mit Erfolg ihr Filmdebüt bei der Ufa in Deutschland. Es folgte eine lange Reihe weiterer Rollen in Ufa-Filmen: »Einer zuviel an Bord« (1935), der NS-Propagandafilm »Verräter« (1936) oder die Verfilmung der Johann-Strauß-Operette »Die Fledermaus« (1937). Baarová ließ sich in Berlin nieder, wo sie eine Fünfzimmerwohnung im Nobelbezirk Grunewald bezog, drehte aber auch weiterhin in Prag. Die deutsche Staatsbürgerschaft, die Hitler ihr antrug, lehnte sie ab.

Baarová war mit Gustav Fröhlich, ihrem Filmpartner aus »Barcarole«, liiert, als sie den siebzehn Jahre älteren Goebbels kennenlernte. Während er mit seiner Frau Magda und seiner anwachsenden Kinderschar nach außen hin in einer nationalsozialistischen Musterfamilie lebte, ging er unablässig Affären mit jungen Schauspielerinnen ein. Baarová, eine glamouröse und verführerische, von Männern heftig umschwärmte Schönheit, umwarb er hartnäckig, bis sie schließlich ein Liebespaar wurden. In ihren Memoiren »Die süße Bitterkeit meines

Lída Baarová und Schauspielerkollege Gustav Fröhlich im Gespräch mit Joseph Goebbels während einer Party anlässlich der Olympischen Spiele, 1936

Lebens« schreibt sie, dass ihre Beziehung zu Fröhlich damals schon gekriselt hätte, während der »charmante Minister« sie »witzig und geistreich« unterhielt, für sie Klavier spielte oder sie zu Havelfahrten auf seine Yacht einlud. Es waren informelle Begegnungen, denn Goebbels wohnte in Fröhlichs Nachbarschaft auf der idyllischen Berliner Prominenten-Halbinsel Schwanenwerder, wo Baarová sich oft aufhielt. »[...] zweifelsohne war mir vor diesem Menschen auch durchaus bange. Er hätte es mit Leichtigkeit erreichen können, daß mein Aufstieg auf der Karriereleiter gestoppt und mein vielversprechend begonnener Weg ein jähes Ende gefunden hätte [...].« Heimlich trafen sie sich in seinem idyllischen Blockhaus am Bogensee nördlich von Berlin. Er wollte sich scheiden lassen, sogar sein Ministeramt aufgeben und als Botschafter nach Japan gehen, so Baarová später. Ehefrau → Magda Goebbels, die die Affären ihres Mannes bisher hingenommen hatte, verlangte ihrerseits die Scheidung, die Hitler schlichtweg verbot, um den Schein der in den NS-Medien präsenten, vorbildlichen Familie seines Propagandaministers aufrechtzuerhalten. Er befahl ihm jedoch die Beendigung der Liaison. Im Widerspruch dazu berichtet Baarová, Frau Goebbels habe ihr zuvor eine »Ehe zu Dritt« angeboten.

Ein Angebot aus Hollywood hatte Baarová 1937 abgelehnt. Sie spielte in zahlreichen Ufa-Filmen, darunter der NS-Propagandafilm »Patrioten« (1937).

Baarová, die sich nach eigenen Berichten bei Goebbels mehrfach für in Schwierigkeiten geratene Filmkolleginnen eingesetzt hatte, u.a. für die Schauspielerin → Kristina Söderbaum, die nach dem Skandal mit dem verheirateten Regisseur Veit Harlan nach Schweden ausgewiesen werden sollte, erhielt in Deutschland nun Dreh- und Auftrittsverbot. Ein Filmangebot aus Hollywood, wo ihr bereits ein Siebenjahresvertrag zugesagt worden war, hatte sie 1937 abgelehnt, was sie später zutiefst bedauerte. Während oft zu lesen ist, dass sie aus Deutschland ausgewiesen wurde, schildert sie in ihren Memoiren, wie ihr Agent Joschi Fischer sie mit dem Auto über die tschechische Grenze schmuggelte, weil sie sich in Berlin von der Gestapo bewacht und latent bedroht gefühlt hatte. Sie kehrte nach Prag zurück, wo sie wieder filmen konnte – bis deutsche Truppen, die 1938 bereits das Sudetengebiet annektiert hatten, im Frühjahr 1939 die gesamte damalige Tschechoslowakei besetzten und als »Protektorat Böhmen und Mähren« unter deutsche Verwaltung zwangen. Baarová drehte jetzt Filme in Italien, darunter »La Fornarina« (»Die Bäckerin«, 1943) von Enrico Guazzoni, »L'ippocampo« (»Das Seepferdchen«, 1943) von Gian Paolo Rosmino oder »I Vitelloni« (»Die Müßiggänger«, 1953) von Federico Fellini – eine zweite Karriere, die weit über das Kriegsende hinaus bis Ende der 1950er Jahre andauerte.

In ihrem Heimatland gerieten sie und ihre Familie nach dem Zweiten Weltkrieg in Schwierigkeiten. Baarová wurde wegen ihrer einstigen Nazikontakte inhaftiert, kam aber nach anderthalb Jahren wieder frei. Ihre Mutter erlitt 1945 nach einem Verhör durch die Geheimpolizei einen tödlichen Schlaganfall. Ihre Schwester Zorka, ebenfalls Schauspielerin, bekam als Verwandte einer Nazikollaborateurin keine Rollen mehr und nahm sich 1946 das Leben.

Baarová heiratete zweimal, 1947 den Puppenspieler Jan Kopecký, mit dem sie kurze Zeit nach Argentinien emigrierte, und 1969 ihren Arzt Kurt Lundvall (gest. 1972), mit dem sie in Salzburg lebte. In ihren letzten Lebensjahren spielte sie ausschließlich Theaterrollen.

ELLY BEINHORN

Sportpilotin

1907 Hannover – 2007 Ottobrunn/Bayern

Elly Beinhorn und der Autorennfahrer Bernd Rosemeyer waren ein Traumpaar in der Welt des NS-Sports.

Als eine der ersten deutschen Pilotinnen ist Elly Beinhorn eine Legende. Ihre Flugkarriere fasziniert so sehr, dass ihre Nähe zur NS-Diktatur bis heute gern ausgeblendet wird.

Keineswegs eine überzeugte Nationalsozialistin, sondern nach eigener Einschätzung reine Sportlerin, die sich nicht für Politik interessierte, hatte sie sich naiv und unkritisch als Vorzeigefigur des sportbegeisterten Naziregimes vereinnahmen lassen. Gemeinsam mit ihrem Mann, dem gefeierten Autorennfahrer Bernd Rosemeyer, den sie bei einem Rennen auf dem Masaryk-Ring bei Brünn kennengelernt und 1936 geheiratet hatte, gehörte sie zu den Stars des NS-Sports. »Beide galten als burschikos und eben nicht hundertprozentig linientreu, was ihnen – und damit dem Dritten Reich – aber eine gewisse Akzeptanz auf dem internationalen Parkett sicherte, in deren Genuss Nazi-Offizielle in vielen Ländern schon nicht mehr gelangten.« (Christoph Frilling)

Anders als ihre Kolleginnen → Melitta Schenk Gräfin von Stauffenberg, → Hanna Reitsch und Beate Uhse flog Beinhorn allerdings nicht für die Luftwaffe, sondern war ausschließlich Sportpilotin. Durch ihre gewagten Alleinflüge in kleinen Sportflugzeugen war sie bereits vor der NS-Machtübernahme eine Berühmtheit. Erste Medienaufmerksamkeit hatte ihr 1931 der Flug nach Afrika gebracht, wo ihr nach einer Notlandung in der Sahara der einheimische Songhai-Stamm zu Hilfe gekommen war.

Aufsehen erregte auch ihr Flug um die Welt zwischen Dezember 1931 und Juli 1932, der sie über Südasien und Australien bis ins argentinische Buenos Aires führte. Mit dem neu entwickelten Leichtflugzeug »Messerschmitt Bf 108«, gen. »Taifun«, flog sie an einem Tag vom schlesischen Gleiwitz (heute Gliwice/Polen) an den Bosporus und zurück nach Berlin: 3.470 Kilometer in dreizehneinhalb Stunden –

Ein Medienstar ihrer Zeit: Die Sportpilotin Elly Beinhorn

ein weiterer Rekord und eine hervorragende Werbung für die NS-Flugzeugindustrie.

Ihr Leben, besonders ihre Flugerlebnisse, verstand sie geschäftstüchtig in Vorträgen und Büchern zu vermarkten, darunter ihre Erinnerungen an Rosemeyer »Mein Mann, der Rennfahrer« (1938), »Berlin-Kapstadt-Berlin. Mein 28.0000-Km Flug nach Afrika« (1943) und ihre Autobiografie »Alleinflug – mein Leben«, die 1977 erschien.

Privat hatte sie es schwer: Am 28. Januar 1938, zehn Wochen nach der Geburt ihres Sohnes Bernd jr., der später ebenfalls ein bekannter Rennfahrer wurde, verunglückte ihr Mann bei einem Weltrekordversuch tödlich. Beinhorn heiratete 1941 den Industriekaufmann Karl Wittmann, mit dem sie eine Tochter hatte. Auch ihn verlor sie bereits nach sieben Jahren wieder. Das Fliegen blieb für Beinhorn, die 100 Jahre alt wurde, immer der Lebensinhalt.

CATO BONTJES VAN BEEK

Keramikerin, NS-Widerstandskämpferin

1920 Bremen – 1943 Berlin

Porträtiert von der Malerin und Bildhauerin Clara Westhoff

Cato Bontjes van Beek gehört zu den weniger bekannten jungen Frauen, die im Widerstand gegen das Naziregime aktiv waren und dafür sterben mussten. Wie → Sophie Scholl, die berühmteste deutsche Widerstandskämpferin, wurde sie mit Anfang Zwanzig hingerichtet.

Mit ihren Geschwistern Mietje und Tim war Bontjes van Beek in einem Künstlerhaushalt im niedersächsischen Dorf Fischerhude aufgewachsen, das durch prominente Maler wie Otto Modersohn, der in dritter Ehe ihre Tante Louise Breling heiratete, bekannt geworden war. Ihre Mutter Olga war Tänzerin und Malerin, ihr Vater Jan Keramiker. Im »gastfreundlichem kleinen Haus atmete man die Luft der Musik, der Malerei, der Keramik«, erinnerte sich rückblickend der spätere Bundeskanzler Helmut Schmidt, der ihre Familie damals oft besuchte.

Cato Bontjes van Beek war eine moderne junge Frau mit Interesse an Literatur und Kunst und besonderer Liebe zum Segelfliegen. In Kontakt zum NS-Widerstand kam sie in Berlin, wo sie in der Werkstatt ihres Vaters, der dort in zweiter Ehe verheiratet war, eine Ausbildung zur Keramikerin begann und 1941 → Libertas Schulze-Boysen kennenlernte, die zur oppositionellen »Roten Kapelle« gehörte.

Die junge Cato arbeitete bald mit an der Herstellung und Verbreitung von Flugblättern gegen das Naziregime, darunter die vom Vordenker der Gruppe Harro Schulze-Boysen verfasste »Agis«-Flugschrift »Die Sorge um Deutschlands Zukunft geht durch das Volk« mit einem

Stolperstein für Cato Bontjes van Beek vor dem Haus Kaiserdamm 22 in Berlin-Charlottenburg. Hier wurde sie im September 1942 von der Gestapo verhaftet.

Appell an die Bevölkerung, »Gehorsam und Pflichterfüllung« zu verweigern. Zu Bontjes van Beeks Aufgaben gehörte die Verteilung der Flugblätter im Gedränge der Berliner S-Bahnstationen, wo sie sie oft zusammen mit Zigaretten oder einem Stück Seife in die Manteltaschen ausländischer Zwangsarbeiter steckte.

Mitbeteiligt war auch ihr damaliger Lebensgefährte Heinz Strelow, ein junger Lyriker und Kommunist, der sie allerdings bald zum Verlassen der Gruppe drängte, da er Schulze-Boysen als zu risikobereit empfand. Zu spät: Die Gestapo war ihnen bereits auf der Spur.

Am 20. September 1942 wurde Cato Bontjes van Beek gemeinsam mit ihrem Vater, der später freikam, festgenommen, am ersten Oktober Strelow. Er wurde wegen »Vorbereitung zum Hochverrat und wegen Kriegsverrats« am 13. Mai 1943 hingerichtet. Sie starb mit sechzehn anderen Verbündeten wegen »Beihilfe zur Vorbereitung zum Hochverrat und zur Feindbegünstigung« am 5. August 1943 in der NS-Hinrichtungsstätte Berlin-Plötzensee durch die Guillotine. NS-Reichsmarschall Hermann Göring hatte »in Würdigung ihrer Persönlichkeit und ihrer in Grenzen liegenden Beteiligung« die Umwandlung des Todesurteils in eine »angemessene Freiheitsstrafe« vorgeschlagen, was Hitler ignorierte.

GERDA BORMANN, geb. Buch

Frau von Hitlers Sekretär Martin Bormann

1909 Konstanz – 1946 Meran

Brave Hausfrau und durch und durch Nationalsozialistin: Gerda Bormann

Durch ihre Ehe mit Martin Bormann, der als Leiter der Parteikanzlei und persönlicher Sekretär Adolf Hitlers zu einem der einflussreichsten Männer des NS-Regimes aufstieg, gehörte Gerda Bormann zum engsten Kreis der Nazielite. Allerdings stand sie nicht im Licht der Öffentlichkeit wie → Magda Goebbels, deren Mann als Propagandaminister flammende Reden hielt oder → Emmy Göring, die neben Reichsmarschall Hermann Göring in bizarrem Luxus repräsentierte. Denn ihr Mann war weit weniger prominent als seine Parteigenossen. Als »Hitlers Schatten« und einer der bösartigsten Männer im »Dritten Reich«, schreibt Anna Maria Sigmund, »agierte er leise und gefährlich im Verborgenen«.

Gerda Bormann stammte aus einer gutbürgerlichen Familie, in der Strenge, protestantische Ideale und Antisemitismus vorherrschten. Ihr Vater Walter Buch, der später NSDAP-Parteirichter wurde, war ein früher Nazianhänger und Hitler verkehrte schon in den 1920er Jahren regelmäßig in ihrem Elternhaus in Solln (heute zu München).

Bei einer NSDAP-Versammlung lernte sie den neun Jahre älteren Martin Bormann kennen, den sie 1929 heiratete – zum Bedauern ihres Vaters, da Bormann für seine schlechten Manieren, seine Brutalität und Frauengeschichten berüchtigt war, wegen Beihilfe zu schwerer Körperverletzung bereits ein Jahr im Zuchthaus gesessen hatte und allgemein vermutet wurde, dass er vor allem aus Karrieregründen in eine vorbildliche nationalsozialistische Familie heiratete, da er damals als Leiter einer Partei-Hilfskasse für SA-Kämpfer nur ein »kleiner Nazi« war.

Die gelernte Kindergärtnerin ging als echte Nationalsozialistin nach außen hin in der Rolle der treusorgenden Ehefrau, Hausfrau und Mutter von neun Kindern auf (ein zehntes starb früh). Doch ihr Mann

Die Braut in Weiß, die Männer in Uniform: die Hochzeit von Gerda Buch und Martin Bormann im September 1929

war jähzornig, behandelte sie grob und demütigte sie öffentlich. Seine Kinder soll er, nach späteren Berichten eines Bekannten, mit Fußtritten traktiert haben. Als sein Schwiegervater 1935 in der NSDAP in Ungnade fiel und kaltgestellt wurde, verbot er seiner Frau sogar den Kontakt zu ihren Eltern.

Im Gegensatz zu anderen NS-Politikerpaaren waren auch die finanziellen Verhältnisse und der Lebensstil der Bormanns in den ersten Jahren eher bescheiden. Sie lebten in einer einfachen Wohnung, bis sie sich ein Häuschen in Pullach im Isartal nahe München leisten konnten. 1940 übersiedelten sie als Teil der NS-Politikerprominenz auf den bayerischen Obersalzberg bei Berchtesgaden, da Martin Bormann hier den Ausbau von Hitlers repräsentativer »Alpenresidenz«, dem sogenannten Berghof, nebst Häusern für NS-Funktionäre und anderen Nebengebäuden organisierte. Ganz in der Nähe des Berghofs, in dem sie oft zu Gast waren, bezog Familie Bormann nun selbst ein großes Anwesen. Seit 1943 besaßen sie außerdem eine aus jüdischem Besitz stammende Villa am Schluchsee im Schwarzwald. Aber auch hier blieb Gerda Bormann die brave, unauffällige Hausfrau, während ihr Mann in München oder Berlin im Kreis von Schauspielerinnen ausgelassene Partys feierte.

Trotzdem scheinen Gerda und Martin Bormann, die sich mit »Mutti« und »Vati« ansprachen, viel füreinander bedeutet zu haben, wie der erhaltene Briefwechsel bezeugt. Es gab so gut wie keine Geheimnisse zwischen ihnen. Die zahlreichen Affären ihres Manns tolerierte sie nicht nur, sie unterstützte sie sogar. Er schickte ihr innige Liebesbriefe und sprach gleichzeitig offen über seine Seitensprünge. So schrieb er ihr 1940 freimütig über seine Liebschaft mit der Schauspielerin Manja Behrens. Statt mit Eifersucht reagierte Gerda Bormann erfreut, begann einen freundschaftlichen Austausch mit ihrer Konkurrentin und lud sie zu sich nach Hause ein. Es passte in das von ihr entwickelte Konzept einer »Volksnotehe«, nach dem jeder »rassisch einwandfreie« und »erbgesunde« deutsche Mann mehrere Ehen gleichzeitig führen dürfen sollte, damit mehr Kinder für das Nazireich geboren werden. Dabei war sie auch persönlich bereit, mit »Nebenfrauen« in einer Wohngemeinschaft zu leben – Ideen, die selbst Ehemann Martin etwas unheimlich vorkamen. Darüber hinaus war Gerda Bormann, selbst NSPAP-Mitglied, auch an der aktuellen Politik interessiert und tauschte sich mit ihrem Mann intensiv über Parteiinternes aus. Damit »zählte die unauffällige Hausfrau Gerda«, so Sigmund, »zu den bestinformierten Geheimnisträgern des Dritten Reiches. Manches erfuhr sie noch vor Hitler.« Durch ihr intimes Wissen soll sie sogar bei manchen Nazigrößen gefragt gewesen sein.

Unter dem Namen Gerda Bergmann floh sie kurz vor Ende des Zweiten Weltkriegs mit ihren Kindern nach Südtirol. Im Gepäck hatte sie die von ihrem Mann aufgezeichneten »Führergespräche«, die er ihr anvertraut hatte. An Unterleibskrebs erkrankt, kam sie in ein Meraner Lazarett, in dem sie, 37 Jahre alt, am 23. März 1946 an einer Vergiftung durch Quecksilber starb, das zu ihrer Behandlung eingesetzt worden war.

Die Kinder kamen in Pflegefamilien unter. Nach ihrem Mann, über dessen Schicksal sie vor ihrem Tod nichts mehr erfahren hatte, suchte man jahrzehntelang vergeblich. Erst 1973 wurde ein in Berlin gefundenes Skelett als das Bormanns identifiziert. Er hatte Anfang Mai 1945 bei der Einnahme der Stadt durch die Rote Armee Selbstmord begangen.

Mit ihrer Kinderschar war Gerda Bormann ein Vorbild für alle NS-Frauen.

EVA BRAUN

Geliebte Hitlers

1912 München – 1945 Berlin

Auf der Terrasse von Hitlers Berghof, um 1943

»Blondes Dummchen«, »kleines Mädchen aus dem Fotoladen« oder aber »Braut des Bösen« – so wurde Eva Braun tituliert.

Aber wer war sie wirklich? War sie selbst eine überzeugte Nationalsozialistin, die Hitlers Ideologie teilte? Billigte sie seine Gewaltherrschaft, nahm sie nichts davon zur Kenntnis oder blendete sie die Realität aus? Das wurde bis heute nicht abschließend geklärt. Denn Braun, die sechzehn Jahre lang das Leben des »Führers« teilte, blieb eine Unbekannte. Es existieren nur wenige Berichte über sie und, bis auf ein 22-seitiges Tagebuchfragment, dessen Echtheit zudem angezweifelt wird, nicht einmal Selbstzeugnisse.

Unklar bleibt auch, welche Art von Beziehung sie mit einem vorzeitig gealterten Mann wie Hitler, der sie »Tschapperl« nannte, so eng verband, dass sie am Ende des »Dritten Reichs« aus freien Stücken mit ihm in den Tod ging. Ihre Freundin Herta Schneider sagte 1949: »Menschlich, privat war Hitler durchaus nett. Eva Braun liebte ihn sehr und er liebte sie auch.« Hitlers Architekt und NS-Rüstungsminister Albert Speer äußert rückblickend: »Sie wie ich waren der sozusagen hypnotischen Macht Hitlers verfallen. Wir litten beide an ihm, haßten ihn zeitweilig auch, hatten uns aber dennoch nicht von ihm freimachen können.«

Braun stammte aus einer eher kleinbürgerlichen, wohl nicht ideologischen Münchner Familie, ihr Vater war Berufsschullehrer. Sie wurde als fröhlich und lebenslustig beschrieben, war jung und hübsch, elegant gekleidet und geschminkt, womit sie, wie viele Frauen der NS-Elite, nicht dem propagierten Ideal der natürlichen deutschen Frau entsprach. Sie war eine gute Sportlerin, liebte Reisen und Ausflüge mit Freundinnen und der Familie, die anfangs entsetzt war, dass sie nicht die Ehefrau Hitlers wurde, sondern nur seine Geliebte blieb. Erschreckend ist die Arglosigkeit, mit der sie sich inszenieren ließ.

Eva Braun litt darunter, dass es ihr verwehrt blieb, offiziell an der Seite Hitlers aufzutreten. Ihre Aufgabe fand sie als Fotografin auf dem Berghof. Einige ihrer Aufnahmen trugen als Propagandabilder zum Führerkult bei. (Aufnahme von 1937)

Auf Fotografien und in Amateurfilmen sieht man sie noch in den 1940er Jahren turnend oder blumenpflückend auf einer Bergwiese, im Dirndl lächelnd auf der Terrasse des Berghofs, Hitlers oberbayerischer Residenz, oder mit Freundinnen beim Baden und Sonnen am nahe gelegenen Königssee – während die Welt um sie herum in Trümmer fiel.

Braun war erst siebzehn, als sie 1929 den 23 Jahre älteren, zukünftigen Diktator Hitler im Münchner Atelier seines Leibfotografen Heinrich Hoffmann kennenlernte, bei dem sie als »Anfängerin und kaufmännische Hilfskraft« angestellt worden war. Stolz darauf, die »Geliebte des größten Mannes Deutschlands und der Erde« zu sein, wie sie 1935 in ihr Tagebuch notierte, litt sie gleichzeitig darunter, verheimlicht zu werden. Denn Hitler wollte sich aus Imagegründen nicht öffentlich zu einer Frau bekennen: »Ich bin verheiratet: mit dem deutschen Volk, mit seinem Schicksal!« Eifersüchtig registrierte sie,

Eva Braun mit Hitler und den Kindern ihrer Freundin Herta Schneider, 1944

dass er sich in der Öffentlichkeit durchaus mit anderen Frauen, vor allem der jungen Britin → Unity Mitford, zeigte. Erst nachdem sie Hitler durch zwei Selbstmordversuche unter Druck gesetzt hatte, durfte Braun gelegentlich an offiziellen Anlässen teilnehmen, wie 1938 beim deutschen Staatsbesuch in Rom, allerdings nur »inkognito« in der mitreisenden Entourage des Führers und nicht an seiner Seite. Hitler »entschädigte« sie mit materiellen Dingen. Wie Speer berichtet, steckte er ihr zum Trost Kuverts mit Geld zu. Er ließ ihr ein Haus im noblen Münchner Bezirk Bogenhausen kaufen, in dem sie seit dem Frühjahr 1936 mit ihrer Schwester Margarete lebte. 1939 bezog sie außerdem eine Wohnung in der Berliner Reichskanzlei, und schon seit 1936 besaß sie eigene Räume im Berghof. Als Hitlers »Privatsekretärin« war sie auch hier nur im privaten Kreis zugegen, bei offiziellen Besuchen musste sie sich zurückziehen.

Trotzdem fand Eva Braun ihre »Aufgabe«. Auf dem Berghof fotografierte und filmte sie unablässig: Parteifreunde im informellen Gespräch auf der Panoramaterrasse, die Ehefrauen beim Tee oder Joseph Goebbels, der durch seinen Klumpfuß behindert, ungelenk eine Treppe hinaufsteigt – was er in der Öffentlichkeit sorgsam verbarg. Hitler inszenierte sie als netten Privatmann, die Kinder von Parteigenossen tätschelnd oder mit seinem Schäferhund Blondi spielend. Es sind keineswegs ausschließlich private Schnappschüsse, die der Nachwelt interessante Einblicke in den erschreckend harmlos wirkenden Alltag der Nazielite vermitteln, sondern auch Aufnahmen mit Propagandacharakter. Einen Teil der Hitlerbilder verkaufte Braun ihrem einstigen Chef Heinrich Hoffmann zur Weiterverbreitung, womit sie selbst zum Image des »Führers« beitrug.

Ihr innigster Wunsch, auch offiziell die Frau an seiner Seite zu sein, erfüllte sich erst am Ende ihres kurzen Lebens in den letzten Kriegstagen, die sie mit Hitler und einem kleinen Rest »Getreuer« im unterirdischen Führerbunker der Berliner Reichskanzlei verbrachte. Während oben die Rote Armee auf dem Vormarsch und der Kampf um die Hauptstadt schon fast verloren war, wurde sie am Abend des 28. April 1945 mit Hitler im Bunker getraut. Goebbels und Bormann waren Trauzeugen. Am 30. April nahm sich das Ehepaar Hitler gemeinsam das Leben, sie mit einer Zyankalikapsel, er mit seiner Pistole. »Ich selbst und meine Gattin wählen, um der Schande der Absetzung und Kapitulation zu entgehen, den Tod«, hieß es in seinem privaten Testament. Ihre Leichen wurden, wie Hitler es verfügt hatte, mit Benzin übergossen und verbrannt.

HANNAH GRÄFIN VON BREDOW

geb. von Bismarck, NS-Gegnerin

1893 Schönhausen (Elbe) – 1971 Hamburg

Mit dem schwedischen Gesandten
Arvid Gustaf Richert, 1938

»Sie markieren den Typ der Dame, der jedem Deutschen jetzt ein Brechmittel ist«, sagte ihr ein Nationalsozialist, »für uns gilt nur das Mädchen oder das Weib.« Von derartigen Frechheiten ließ sich die resolute Hannah Gräfin von Bredow nicht beeindrucken. Von Anfang an eine entschiedene Nazigegnerin, äußerte sie stets offen ihre Kritik am NS-Regime. Terror und Judenverfolgung sah sie voraus.

Sie stammte aus besten gesellschaftlichen Kreisen. Herbert Fürst von Bismarck und Marguerite Gräfin Hoyos Freiin von Stichsenstein waren ihre Eltern, der erste deutsche Reichskanzler Otto von Bismarck ihr Großvater. Die Familie lebte auf den Bismarckschen Gütern in Schönhausen an der Elbe (Sachsen-Anhalt) sowie auf Friedrichsruh (Schleswig-Holstein) in altaristokratischem Lebensstil im Kreis des alten Guts- und Militäradels. Standesgemäß erhielt von Bredow Privatunterricht. Englisch und Französisch sprach sie akzentfrei. Ihre Mutter erlaubte ihr jedoch nicht, das Abitur zu machen: »[...] gebildete Mädchen sind beliebt, aber studierende [...] verhasst. Lass' es mir zu lieb.« Hannah von Bredow, die von Jugend an auch politisch interessiert war, betrachtete es daraufhin als Fehler, »als Frau geboren zu sein, wenn man geistige Interessen hat.«

1915 heiratete sie den achtzehn Jahre älteren, verwitweten Rittmeister Leopold von Bredow, mit dem sie sich in Potsdam niederließ und zwischen 1916 und 1933 acht Kinder bekam. Ihr Leben verlief weiter in den Konventionen ihrer Klasse, bis ihr Mann im Herbst 1933 im Alter von nur 58 Jahren plötzlich starb und sie für Marguerite, Alexandra, Diana, Wolfgang, Philippa, Maria, Herbert, den erst wenige Monate alten Leopold-Bill und die Stieftochter Friederike, aus der ersten Ehe ihres Manns, allein zu sorgen hatte.

Das hinderte sie allerdings nicht, sich weiter am gesellschaftlichen Leben zu beteiligen und die politische Entwicklung in Deutschland

Hannah und Leopold von Bredow mit ihren sieben Kindern, 1931

genau zu verfolgen. Durch ihre Brüder Otto und Gottfried, die Diplomaten waren, sowie den Kontakt zu hochrangigen Politikern, die in ihren Kreisen verkehrten, erhielt sie Informationen aus erster Hand. 1932 war sie beim späteren NS-Reichsmarschall Hermann Göring zu Gast, bei Reichskanzler Franz von Papen lernte sie im gleichen Jahr auch Adolf Hitler kennen.

Seine Machtübernahme am 30. Januar 1933 konstatierte sie mit den Worten: »Die Welt ist aus den Fugen, und wir können nur abwarten, bis uns das Genick umgedreht wird.« Ihrem Bruder Gottfried sagte sie, »[...] dass es nur eines gibt, um das arme Land zu retten: Kampf mit allen Mitteln des Verstandes und mit eiskalter Berechnung, denn die Irren kann man nie überzeugen.« Den Hitlergruß verweigerte sie, ihre Kinder gehörten nicht zur Hitlerjugend und an ihren Freundschaften zu Juden hielt sie fest. Den Potsdamer Bankier Otto von Mendelssohn Bartholdy, ein Enkel des berühmten Komponisten Felix Mendelssohn Bartholdy, bewahrte sie mithilfe ihres Bruders Gottfried, damals Regierungspräsident von Potsdam, vor der Deportation ins KZ Theresienstadt. Als gläubige evangelische Christin schloss sie sich der »Bekennenden Kirche« an, die sich gegen die Gleichschaltung der Kirche mit dem NS-Regime wandte. Auch in der oppositionellen Gesprächsgruppe um die Diplomatenwitwe → Johanna Solf in Berlin verkehrte sie regelmäßig.

Nr. 187

Potsdam, Freitag, den 2ten Dezember 1932

Lieber Herr Jessen,

Ich wollte gleich für den eleganten Brief an Constanz mit dem interessanten Zeppelin Stoff danken, aber diese Woche war dermaßen anstrengend, unerfreulich, mühsam und besorgniserregend, daß ich weder die Kraft noch die Zeit zu einem Brief fand. — „It never rains, but it pours"; das kann einst wirklich auf meinem Grabe stehen. — Ich habe Ihnen in diesen Tagen seine Zeitungen geschickt, mich

Brief an Dr. Sydney Jessen, Potsdam, 2. Dezember 1932

Seit 1933 war von Bredow im Visier der Gestapo, die eine Liste ihrer »Verfehlungen« führte: Umgang mit »dubiosen Elementen«, Juden und Ausländern, »Erziehung der Kinder zu Staatsfeinden«, »gefährliche Rede«, Auslandsspionage und Beleidigungen von NS-Größen.

An die Enkelin des legendären Otto von Bismarck, dessen »eisernen« Charakter sie geerbt haben soll, trauten sich allerdings auch die Nazis nicht richtig heran. Nach dem gescheiterten Stauffenberg-Attentat vom 20. Juli 1944 allerdings wurden vier ihrer Töchter, unter ihnen Philippa, die mit Werner von Haeften, dem Adjutanten

Hannah von Bredow in späteren Jahren

von Claus Schenk Graf von Stauffenberg, liiert war, sowie ihr Bruder Gottfried und ihr enger Vertrauter, der ehemalige Marineoffizier Sydney Jessen verhaftet. Sie selbst entging der Festnahme nur, weil sie sich gerade in der Schweiz aufhielt. Anfang November 1944 schwer herzkrank zurückgekehrt, wurde sie zwei Wochen lang am Krankenbett in der Berliner Charité durch die Gestapo verhört. Sie ließ sich nicht einschüchtern: »Angst vor Menschen? Und vor Nazis? Wie sollte ich?« Die Verhöre, die ihre Mitwisserschaft an Stauffenbergs Attentatsplänen ans Licht bringen sollten, in die sie tatsächlich nicht involviert gewesen war, blieben ergebnislos.

Wie viele politische Entwicklungen sah Hannah von Bredow schließlich auch den Zusammenbruch der Nazidiktatur voraus. Am ersten Januar 1945 notierte sie: »Das Jahr bedeutet das Ende des verdammten Reichs, das 1000 Jahre dauern sollte. Der Krieg wird noch den Winter durch anhalten. Er wird im Mai oder Juni enden.« Genauso kam es.

Ihre kritischen Ansichten sind in den erhaltenen Briefen an ihren Freund Jessen und ihrem Essay »Gedanken über das Phänomen Angst« (1949) nachzulesen.

ELSA BRUCKMANN, geb. Fürstin Cantacuzène
Förderin und Mäzenin Hitlers

1865 Gmunden/Österreich – 1946 Garmisch-Partenkirchen

Mit Ehemann Hugo

Unter den Frauen der vornehmen Kreise hatte Adolf Hitler begeisterte Anhängerinnen. Einige von ihnen verhalfen ihm in den frühen 1920er Jahren, als die NSDAP nur eine von vielen Splitterparteien der Weimarer Republik und er selbst mittellos und ohne gesellschaftliche Verbindungen war, zum politischen Aufstieg. Durch ihn erhofften sie sich nach der als Trauma empfundenen Niederlage im Ersten Weltkrieg den Wiederaufstieg Deutschlands zu einem starken Nationalstaat. Zu ihnen gehörten u. a. die resolute → Winifred Wagner, die Hitler regelmäßig in die legendäre Bayreuther »Villa Wahnfried« ihres Schwiegervaters Richard Wagner einlud, und Helene Bechstein aus der gleichnamigen Klavierfabrikanten-Familie, die Hitler in die feine Gesellschaft Berlins einführte.

In München, dem Gründungsort und Zentrum des frühen Nationalsozialismus, übernahm Elsa (Elisabeth) Bruckmann engagiert die Rolle einer Förderin, Gönnerin und mütterlichen Freundin. Es wird vermutet, dass der Verlust ihres im Ersten Weltkrieg gefallenen Neffen Norbert von Hellingrath, der für sie wie ein Sohn gewesen sein soll, der Grund für die Zuwendung zu dem 24 Jahre jüngeren Hitler war. Eigene Kinder hatte sie nicht. Sie stammte von Seiten ihrer Mutter Sophie Gräfin Deym von Střítež aus einem böhmischen, von

»Zwei Tage nach seiner Entlassung aus der Festung Landsberg war es, dass der Führer uns zum ersten Mal aufsuchte. Wir bewohnten damals die schönen Räume im Karolinenplatz 5, […]«, erinnert sich Elsa Bruckmann.

Seiten ihres Vaters Theodor Fürst Cantacuzène aus einem rumänischen Adelsgeschlecht, war aber nahe München in einer Villa am Starnberger See aufgewachsen. Erst nach dem Tod ihres Vaters, der keinen bürgerlichen Schwiegersohn akzeptierte, konnte sie 1898 den Verleger und Mitinhaber des renommierten Münchner Bruckmann Verlags für Kunst-, Musikgeschichte und Politik Hugo Bruckmann heiraten.

Seit langem hatte sie, u. a. bei einer NSDAP-Veranstaltung im Zirkus Krone in München, hingerissen Hitlers Reden verfolgt. 1924 lernte sie ihn persönlich kennen, als sie ihn, wie viele seiner Verehrerinnen, im Gefängnis in Landsberg am Lech besuchte, wo er seit Anfang April wegen des Putschversuchs vom 8./9. November 1923 eine fünfjährige Haft verbüßte. Bereits bei diesem ersten Treffen war sie tief beindruckt. Sie fand ihn »einfach, natürlich und ritterlich und hellen Auges«, fand »die gleiche schlichte Größe, die gleiche gewachsene Echtheit und das unmittelbar aus der Wurzel strömende Leben« wie es ihr schon seine Reden suggeriert hatten. Sogleich versprach sie ihm »Treue bis zum letzten Atemzug«.

Im Salon der Bruckmanns knüpfte Hitler wichtige Kontakte und lernte u. a. den Architekten Paul Troost kennen, der in München NS-Monumentalbauten für ihn plante. Hier im Bild: Hitler im Haus der Deutschen Kunst in Begleitung der Innenarchitektin Gerdy Troost – ihr verstorbener Mann hatte sie ihm vorgestellt.

Nach seiner vorzeitigen Entlassung am 20. Dezember 1924 nach München zurückgekehrt, wurde Hitler ein gern gesehener Gast in ihrer repräsentativen Wohnung im historischen Prinz-Georg-Palais am nahe den großen Kunstmuseen gelegenen Karolinenplatz. »Jede dieser Stunden«, stellte Elsa Bruckmann fest, »befestigte in uns die Ueberzeugung, dass dieser Mann und nur er unsere Hoffnung und unser Führer sein würde auf dem dornenvollen Weg zu Deutschlands Wiederaufstieg.«

Im Salon der Bruckmanns, in dem vor dem Ersten Weltkrieg Schriftsteller wie Hugo von Hofmannsthal, Rainer Maria Rilke und Stefan George, die Philosophen Friedrich Nietzsche und Oswald Spengler, ein Teil der legendären Schwabinger Boheme sowie Thomas Mann, seine Frau Katja und deren Eltern Alfred und Hedwig Pringsheim verkehrt hatten, traf sich inzwischen ein völkisch-nationaler Kreis um General Erich Ludendorff, Rudolf und → Ilse Heß, den Architekten Paul Ludwig Troost und dessen Frau Gerdy sowie Richard Wagners Schwiegersohn Houston Stewart Chamberlain, der im Bruckmann Verlag die meisten seiner Bücher, darunter das antisemitische Werk »Grundlagen des neunzehnten Jahrhunderts«, veröffentlichte. Hier konnte Hitler Verbindungen festigen, neue Kontakte knüpfen und während des Verbots seiner Partei Mitte der Zwanzigerjahre zu politischen Anhängern und Interessierten sprechen.

Elsa Bruckmann selbst warb eifrig für seine Politik und sammelte Spendenbeiträge für die NSDAP, in der sie erst 1932 Mitglied wurde. Sie brachte dem auf gesellschaftlichem Parkett anfangs noch unsicheren Hitler Umgangsformen bei, kleidete ihn ein, machte ihm wertvolle Geschenke, half ihm später bei der Einrichtung seines Landhauses am bayerischen Obersalzberg, das später zum Berghof, seiner zweiten Residenz ausgebaut wurde, und seiner Neunzimmerwohnung am Münchner Prinzregentenplatz, die ihm ihr Mann vermittelt hatte. 1928 gehörten die Bruckmanns zu den Mitbegründern des »Kampfbunds für deutsche Kultur«, der völkisches und antisemitisches Denken im Bereich der Kunst etablieren wollte.

Nach 1933 allerdings ging Elsa Bruckmann etwas auf Distanz zum Nationalsozialismus, der nun sein wahres Gesicht zeigte. Obwohl selbst Antisemiten, waren sie und ihr Mann entsetzt über die brutalen Angriffe auf die jüdische Bevölkerung und die Zerstörung ihrer Synagogen und Geschäfte während der deutschlandweiten Reichspogromnacht am 9. November 1938. Mit Hitler traf sie nur noch wenig zusammen, brach aber nie gänzlich mit ihrem »Freund und Führer«. Ähnlich wie Winifred Wagner gelang ihr eine schizophrene Trennung zwischen dem Diktator und dem Privatmann Hitler. Im Unterschied zu ihr sprach Bruckmann nach 1945 allerdings von ihrer »damaligen Verblendung«. 1946 verstorben, wurde sie posthum als »Mitläuferin« des Naziregimes eingestuft.

HILDE COPPI, geb. Rake

Sekretärin, NS-Widerstandskämpferin

1909 Berlin – 1943 Berlin

34 Jahre alt war Hilde Coppi, als sie wegen Widerstands gegen das NS-Regime hingerichtet wurde.

Wie über → Liselotte Herrmann oder → Käthe Niederkirchner, die ebenfalls im Widerstand gegen Hitlers Gewaltherrschaft aktiv waren, existiert auch über Hilde Coppi keine Biografie. Nur wenige, unspektakuläre Einzelheiten aus ihrem kurzen Leben sind bekannt. Sie war die Tochter einer Berlinerin, die ein kleines Lederwarengeschäft betrieb, arbeitete später als Sekretärin, Sprechstundenhilfe und ab 1939 als Sachbearbeiterin in der Reichsversicherungsanstalt für Angestellte. In Berliner Kommunistenkreisen lernte sie den sieben Jahre jüngeren Hans Coppi kennen, der aus einer kommunistischen Arbeiterfamilie stammte, wegen der Verteilung NS-kritischer Flugschriften bereits im Gefängnis gesessen hatte und inzwischen als Dreher arbeitete. Im Juni 1941 heirateten sie.

Mit ihrem Mann engagierte sich Hilde Coppi im Kreis der weitverzweigten losen Widerstandsgruppe »Rote Kapelle« um Arvid und → Mildred Harnack und Harro und → Libertas Schulze-Boysen. Gegen die im Frühjahr 1942 veranstaltete antisowjetische Propagandaausstellung »Das Sowjetparadies« im Berliner Lustgarten klebte sie Zettel mit der Aufschrift »Ständige Ausstellung/DAS NAZI-PARADIES/Krieg, Hunger, Lügen, Gestapo/Wie lange noch?« Sie hörte den in NS-Deutschland verbotenen deutschsprachigen Dienst des sowjetischen Senders »Radio Moskau« ab, um Nachrichten deutscher Kriegsgefangener an deren Angehörige zu übermitteln. In ihrer Wohnung in Berlin-Tegel, Seidelstraße 23, an der heute eine Gedenktafel und ein Stolperstein an Hilde und Hans Coppi erinnern, versteckte das Ehepaar ein Funkgerät, um Informationen über deutsche Widerstandsaktivitäten nach Moskau zu senden.

Im September 1942 wurden die hochschwangere Hilde Coppi und ihr Mann von der Gestapo verhaftet. Ende November brachte sie im Berliner Frauengefängnis Barnimstraße ihren Sohn Hans zur Welt.

Mit ihrem Mann Hans und einem Freund (li.) beim Zelten in der Mark Brandenburg, 1940

Am 20. Januar 1943 wurde sie »wegen Vorbereitung zum Hochverrat in Tateinheit mit Feindbegünstigung, Spionage und Rundfunkverbrechen« zum Tod verurteilt, die Vollstreckung aber um ein halbes Jahr aufgeschoben, damit sie ihr Kind stillen konnte.

Wie die junge → Cato Bontjes van Beek und weitere Hitlergegnerinnen wurde Hilde Coppi am 5. August 1943 in Berlin-Plötzensee hingerichtet, wo bereits fast ein dreiviertel Jahr zuvor ihr Mann getötet worden war. Ihr kleiner Sohn wuchs bei ihren Schwiegereltern auf. Zum Abschied hatte Hilde Coppi geschrieben: »[...] werdet, soweit es angeht, glücklich mit unserem kleinen Hans, der einer großen und glücklichen Liebe entsprossen ist.« Hans Coppi jun., der seine Eltern nie kennenlernen konnte, wurde Historiker und beschäftigte sich intensiv mit dem NS-Widerstand.

MARTHA DODD

Journalistin, Schriftstellerin, Tochter des US-Botschafters in Deutschland

1908 Ashland, Virginia/USA – 1990 Prag

Als Tochter des US-Botschafters verfolgte sie die politischen Entwicklungen in Berlin.

»Ich erinnerte mich an Hitler als Clown, der wie Charlie Chaplin aussah, Bücher verbrennen ließ und entgegen der Voraussagen weiser und erfahrener Leute eine Diktatur errichtet hatte.« Als William E. Dodd von US-Präsident Franklin D. Roosevelt im Sommer 1933 zum amerikanischen Botschafter in Deutschland ernannt wurde, begleitete ihn neben seiner Frau und Sohn Bill auch seine 24 Jahre alte Tochter Martha. Bei ihrer Ankunft in Berlin kannte sie weder das Land noch hatte sie einen Begriff von der Bedeutung einer Diktatur. »Mich setzte man mit einem jungen Mann, der wie ich bald erfuhr, unser Protokollchef war, zusammen in einen Wagen. [...] Er wies mich auf die Sehenswürdigkeiten Berlins hin. Wir fuhren um das Reichstagsgebäude herum, auf das er mich pflichtschuldigst aufmerksam machte. Ich rief aus: ›Oh, ich dachte, es sei niedergebrannt!‹ [...] Nach einigen Fragen [...] beugte er sich zu mir herüber und sagte: Pst! Junge Dame, Sie müssen lernen, gesehen und nicht gehört zu werden. Sie sollten nicht so viel reden und nicht so viele Fragen stellen. Dies ist nicht Amerika, Sie können nicht alles sagen, was sie denken.«

Obwohl sie bereits bei einer ersten Sightseeing-Tour durch Deutschland Augenzeugin antisemitischer Übergriffe wurde, war Martha Dodd von dem für sie fremden Land und vom Nationalsozialismus anfangs begeistert. Sie genoss das neue, aufregende Leben in einer ihr etwas bizarr und zugleich faszinierend erscheinenden Welt. »Die Erregung der Leute war ansteckend, und ich schrie so heftig ›Heil Hitler‹ wie nur irgend ein Nazi.«

Auf Botschaftsempfängen, Teenachmittagen und Partys lernte sie die unterschiedlichsten Menschen kennen – nicht nur Diplomaten, sondern auch Journalisten, Wehrmachtsoffiziere oder das einstige deutsche Kronprinzenpaar, deren altmodische höfische Etikette sie befremdlich fand. Sie ging mit jungen SA-Männern aus, traf den

Die Familie Dodd auf der Terrasse der Botschaft, 1933

Verleger Ernst Rowohlt und den Schriftsteller Hans Fallada ebenso wie hohe Nazifunktionäre. Mit einigen von ihnen soll sie Affären gehabt haben. Ernst Hanfstaengl, der selbst viele Jahre in New York gelebt hatte und inzwischen Auslandspressechef der NSDAP war, wollte Dodd, die 1934 von ihrem Mann, einem New Yorker Bankier, geschieden wurde, sogar mit Adolf Hitler verkuppeln. Dodd war »sehr aufgeregt, daß sich die Möglichkeit bot, diesen ›eigenartigen Führer‹ kennenzulernen.«

Bereits ein Jahr später war aus der naiven, unbekümmerten und abenteuerlustigen jungen Frau eine entschiedene NS-Gegnerin geworden. Die in Berlin lebende US-Amerikanerin → Mildred Harnack, die später als Beteiligte am NS-Widerstand hingerichtet wurde, war eine ihrer engen Freundinnen. »Es gab schreckliche mörderische Zwischenfälle, bei denen Juden – sowohl ausländische als auch deutsche – zusammengeschlagen wurden, weil sie die Fahne nicht gegrüßt hatten«, berichtet Dodd später. Sie durchschaute, dass NS-Deutschland zu einer »weltweiten Expansion« entschlossen war und die Juden gänzlich vernichten wollte. Und schon 1939, vor Beginn des Zweiten

Die damalige Botschaft der USA in der Berliner Bendlerstraße, 1928 (Gebäude nicht erhalten)

Weltkriegs und dem einsetzenden Holocaust, schrieb sie: »Hitlers inhumane Freveltaten werden alle Grenzen überschreiten und ein Ausmaß annehmen, das in den Annalen beispiellos sein wird.«

Möglicherweise sah sie im Kommunismus die bessere Alternative. Damals mit dem russischen Diplomaten Boris Winogradow liiert, begann sie Informationen an die Sowjetunion zu liefern, in die sie im Sommer 1934 eine vierwöchige Reise unternahm, was ihr in der antikommunistischen McCarthy-Ära ihres Heimatlands noch große Probleme bringen sollte.

Im Dezember 1937 kehrte Martha Dodd mit ihrer Familie in die USA zurück. Unter dem Titel »Through embassy eyes« erschienen dort zwei Jahre später ihre Erinnerungen an ihre Zeit in Nazideutschland. Das Buch wurde ein Bestseller und fand auch in Großbritannien (»My years in Germany«) sowie in Frankreich (»L'ambassade regarde«, 1940) Aufmerksamkeit. Die vollständige deutsche Ausgabe kam erst 2005 unter dem Titel »Nice to meet you, Mr. Hitler! Meine Jahre in Deutschland 1933 bis 1937« heraus. Weder mit ihren Literaturkritiken und Reiseberichten noch mit ihren Kurzgeschichten oder Romanen (»Die den Wind sähen«, 1945) war Dodd so erfolgreich wie mit diesen Schilderungen. Bis heute sind sie ein beeindruckendes Zeitzeugnis über das »Dritte Reich« aus der Perspektive einer Amerikanerin. Selbstironisch und oft spöttisch fängt Dodd, die vor ihrem Deutschlandaufenthalt bereits als Journalistin für die Chicago Tribune gearbeitet hatte, die Atmosphäre der ersten Jahre der Nazidiktatur ein und charakterisiert im Kapitel »Nazipersönlichkeiten« mit bissigen Formulierungen u. a. Hitler, Reichsmarschall Hermann Göring, Propagandaminister Joseph Goebbels, Gestapo-Chef Rudolf Diels, Wirtschaftsminister und Reichsbankpräsident Hjalmar Schacht, den NS-Rasseideologen Alfred Rosenberg, Außenminister Joachim von Ribbentrop ebenso wie die Ehefrauen der NS-Elite, unter ihnen → Emmy Göring oder → Magda Goebbels. Alle hatte sie in ihrer Berliner Zeit persönlich kennengelernt.

ELISABETH FÖRSTER-NIETZSCHE

Schwester von Friedrich Nietzsche, Archivleiterin, Autorin

1846 Röcken (Sachsen-Anhalt) – 1935 Weimar

Elf Jahre lang pflegte sie ihren an einer als progressive Paralyse diagnostizierten Geisteskrankheit leidenden Bruder, den bedeutenden Philosophen Friedrich Nietzsche, der in völliger geistiger Umnachtung vor sich hindämmerte. Gelegentlich zeigte sie ihn prominenten Besuchern. Eine Nietzsche-Verehrerin hatte ihr als Wohnsitz die »Villa Silberblick« im thüringischen Weimar zur Verfügung gestellt.

Nach dem Tod ihres Bruders im Jahr 1900 baute Elisabeth Förster-Nietzsche hier mit Hilfe großzügiger Sponsoren das Nietzsche-Archiv auf. Das Erdgeschoss der Villa ließ sie durch den damals in Weimar lebenden belgischen Designer-Architekten Henry van de Velde umgestalten – ein unverändert erhaltenes elegantes Jugendstil-Ambiente, in dem sie Nietzsche-Anhänger aus aller Welt empfing. Sie kontrollierte die gesamte Nietzsche-Forschung, kein Wissenschaftler kam an ihr vorbei. Mit Experten zerstritten schrieb sie selbst eine dreibändige Nietzsche-Biografie. Durch Manipulationen und Fälschungen seiner nachgelassenen Schriften und Briefe schadete sie dem Werk ihres Bruders zugleich, sodass sie bis heute als seine »unheilvolle« Schwester gilt.

Das Nietzsche-Archiv war eine Weimarer Institution, die auch von Nationalsozialisten gern besucht wurde.

Von NS-Anhängern verehrt: Elisabeth Förster-Nietzsche. Das Foto zeigt sie bei der Begrüßung Hitlers im Weimarer Nietzsche-Archiv am 20. Juli 1934.

Den aufkommenden Nationalsozialismus begrüßte Förster-Nietzsche begeistert. Beeinflusst durch ihren früh verstorbenen Mann Bernhard Förster, einen Berliner Lehrer und radikalen Judenhasser aus dem Kreis ihrer Freundin Cosima Wagner, der von der »Wiedergeburt des deutschen Geistes« geträumt und mit ihr 1886 im südamerikanischen Paraguay die Kolonie »Nueva Germania« gegründet hatte, war sie seit langem überzeugte Antisemitin – wenngleich ihr die einsetzende brutale Judenverfolgung der Nazis »übertrieben« erschien. Die Philosophie ihres Bruders machte sie mit der NS-Ideologie kompatibel, sodass Nietzsches Begriff vom »Übermenschen« schließlich zum »arischen Herrenmenschen« zurechtgebogen werden konnte.

Ihr Archiv öffnete sie als eine Art Propagandazentrale führenden Nazis, die sich gern mit der Schwester des berühmten Philosophen schmückten. Zu ihrer übergroßen Freude besuchte sie hier auch ihr »wundervoller Reichskanzler« Adolf Hitler insgesamt siebenmal mit einem Strauß roter Rosen. Er stellte ihr den nie ausgeführten Bau einer monumentalen Nietzsche-Gedenkstätte neben der Villa in Aussicht und unterstützte das Archiv auch finanziell. Sie wiederum schenkte ihm Devotionalien wie den letzten Spazierstock ihres Bruders. Als die »Übermenschin«, wie der Theaterkritiker Alfred Kerr sie sarkastisch nannte, 1935 im Alter von 89 Jahren starb, richtete ihr der NS-Staat eine pompöse Trauerfeier aus, an der auch Hitler teilnahm.

BELLA FROMM

Journalistin, Gesellschaftsreporterin

1890 Nürnberg – 1972 New York

Das Foto zeigt sie in ihrer Zeit als Berliner Gesellschaftsreporterin.

Bis Adolf Hitler, »jener österreichische Psychopath auf der Bildfläche erschien«, gehörte die jüdische Journalistin Bella Fromm zu den prominenten Berichterstatterinnen aus der Berliner High Society. Sie veröffentlichte regelmäßig Kolumnen über Presseбälle, Teegesellschaften, Dinnerpartys und Botschaftsempfänge, über Tennisturniere, Pferderennen und Modeschauen in der »Vossischen Zeitung« und dem Boulevardblatt »B. Z. am Mittag«. »Wer flirtete mit wem, wer trug was, wer begleitete wen, und wer saß mit wem zu Tisch. [...] Das ist es, was die Leser am nächsten Morgen wissen wollen.«

Als Tochter eines vermögenden Weingroßhändlers, auf dessen Gut im fränkischen Kitzingen die große Welt zu Gast gewesen war, kannte sie die vornehme Gesellschaft von Kindheit an. Gewandt bewegte sie sich später in den Berliner Hauptstadtkreisen unter Politikern, Diplomaten, Unternehmern und Künstlern. »Frau Bella«, wie sie allgemein genannt wurde, begegnete dem sozialdemokratischen Reichspräsidenten der Weimarer Republik Friedrich Ebert, den sie sehr schätzte, oder dem kultivierten Walther Rathenau, in dessen elegante Villa im Berliner Grunewald sie eingeladen war. Zu ihren Freunden zählten Kurt von Schleicher, der letzte Reichskanzler der Weimarer Republik, und seine Frau Elisabeth, bis beide Ende Juni 1934 in ihrem Haus von einem SS-Kommando erschossen wurden. Sie traf auch auf den »klumpfüßigen Zwerg« Joseph Goebbels und im März 1933 auf Hitler persönlich, der ihr sogar die Hand küsste – nicht ahnend, dass es eine jüdische war.

»Die gesellschaftlichen Beziehungen meiner Jugend und der gute Name meiner Familie«, so Fromm, »erwiesen sich als unschätzbare Hilfe. Ich hatte überall Zutritt, und man vertraute mir Geschichten und Dinge an, die vielen anderen vorenthalten wurden.« Gekonnt wandte sie die Grundregeln einer Gesellschaftsreporterin an. Man

SA marschiert durch das Brandenburger Tor in Berlin, 1934

»[...] darf nicht immer ganz die Wahrheit schreiben. ...] Jede Frau eines Botschafters ist eine Schönheit, jeder Gesandte ist ein ausgezeichneter Politiker – der beste in der Welt. Wer im diplomatischen Korps neu auftaucht, ist stets ein leuchtender Stern aus dem Auswärtigen Amt seines Landes.« Bei ihren Berichten wirkte später ihre Tochter Gonny als Fotografin mit.

1934 verlor sie ihre Arbeit, die »Vossische Zeitung« wurde eingestellt. Fromm verkehrte jedoch weiterhin in den reichen Häusern Berlins und konnte durch Vermittlung des damaligen US-Botschafters in Berlin, William E. Dodd, weiter Reportagen in einer britischen Zeitung unterbringen, die in Berlin erschien. Durch die Lieferung von Wein aus dem Familiengut in Diplomatenhaushalte sicherte sie zusätzlich ihren Lebensunterhalt.

Trotz zunehmender Schikanen – SA-Männer umstellten 1933 ihr Berliner Wohnhaus, da sie angebliche Regimegegner zu Gast hatte – wollte sie als »Chronistin des Untergangs« so lange wie möglich in Deutschland bleiben. Durch ihre guten Beziehungen zu internationalen Diplomatenkreisen, die ihr fast eine Art Immunität verliehen, konnte sie zahlreichen jüdischen Verfolgten in dieser Zeit Visa zur Flucht aus Deutschland verschaffen.

In ihrem im Exil erschienenen Berliner Tagebuch schildert Bella Fromm den Aufstieg der Nationalsozialisten. »Blood and Banquets. A Berlin Social Diary« wurde 1943 ein »New York Times«-Bestseller – ihr journalistischer Beitrag zur Aufklärung über die politische Situation in Deutschland.

Wie anderen Exilanten fiel auch Fromm der Abschied aus ihrer deutschen Heimat alles andere als leicht, und sie wusste, dass sie in der Emigration zunächst keine glanzvolle Zukunft erwartete. Erst auf das zunehmende Drängen ausländischer Diplomatenfreunde hin bestieg sie am 4. September 1938 ein Schiff nach New York, wo seit 1934 bereits ihre Tochter lebte. Dort heiratete die zweimal geschiedene Bella Fromm den deutschen Arzt Peter Welles. Da er in den USA seine Approbation nachholen musste, verdiente sie den Lebensunterhalt zunächst als Handschuhnäherin und Kellnerin, bevor sie sich u. a. bei der »New York Post« und »Harper's Magazine« wieder als Journalistin etablieren konnte.

Unter dem Titel »Blood and Banquets – A Berlin Social Diary« erschien 1942 ihr Berliner Tagebuch aus den Jahren 1920 bis 1938. Mit seinen treffenden, oft sarkastischen Beobachtungen über Nazideutschland wurde es ein Bestseller (deutsch: »Als Hitler mir die Hand küsste«, 1993). Heute sind weniger ihre Klatschgeschichten, sondern eher ihre politischen Betrachtungen interessant. Ganz genau beobachtete sie die Verfestigung des Antisemitismus in der deutschen Gesellschaft, die nicht erst 1933, sondern bereits während der Weimarer Republik in den Zwanzigerjahren begonnen hatte. Früh hatte Fromm auch den Aufstieg der »braunen Pest« erkannt. So notierte sie am 29. Januar 1932, ein Jahr vor dem Machtantritt der Nationalsozialisten: »Die Gesellschaft gewöhnt sich nach und nach an die ursprünglich als plebejisch empfundene nationalsozialistische Bewegung. Die Leute der Oberschicht nähern sich Hitler. Sie verschließen die Ohren vor seinen ständigen Ausfällen gegen die privilegierten Klassen und die feinen Leute.«

Ein Kreis fanatischer Nazis soll ihr Buch dermaßen gefürchtet haben, dass er die Veröffentlichung um jeden Preis hatte verhindern wollen und dabei sogar die Ermordung Fromms erwog.

MAGDA GOEBBELS, geb. Behrend

Frau des NS-Propagandaministers Joseph Goebbels

1901 Berlin – 1945 Berlin

»Erste Frau« im »Dritten Reich«

Sie war eine dermaßen fanatische Nationalsozialistin, dass sie beim Untergang des »Dritten Reichs« sogar ihre sechs kleinen Kinder mit in den Tod nahm. Im Abschiedsbrief an ihren im Krieg kämpfenden, ältesten Sohn Harald schrieb sie aus dem Berliner Reichstagsbunker: »Unsere herrliche Idee geht zugrunde – und mit ihr alles, was ich Schönes, Bewundernswertes, Edles und Gutes in meinem Leben gekannt habe. Die Welt, die nach dem Führer und dem Nationalsozialismus kommt, ist nicht wert, darin zu leben, und deshalb habe ich auch die Kinder hierher mitgenommen. Sie sind zu schade für das nach uns kommende Leben, und der gnädige Gott wird mich verstehen, wenn ich selbst ihnen die Erlösung geben werde.«

Glorreiche Zeiten lagen hinter Magda Goebbels. Da der »Führer« unverheiratet war, nahm sie an der Seite ihres Manns, NS-Propagandaminister Joseph Goebbels, im »Dritten Reich« die Rolle der »First Lady« ein und glänzte bei Empfängen, auf Bällen und Staatsbesuchen. Gebildet, weltgewandt und selbstsicher, fließend Französisch, Italienisch und Englisch sprechend war sie in der Lage, sich auf gesellschaftlichem Parkett perfekt zu bewegen. → Martha Dodd, die Tochter des damaligen US-Botschafters in Berlin, die ihr bei offiziellen Anlässen häufig begegnete, war »fasziniert von ihrer Schönheit, ihrem ganzen Auftreten, ihren eleganten, geschmackvollen Kleidern und gepflegten Manieren und ihrer lebhaften Intelligenz.« Sie fragte sich jedoch »welch perverse Laune oder welch seelischer Defekt sie dazu gebracht haben mochte, Dr. Goebbels zu heiraten«, der für Dodd »das Gesicht und das Gemüt einer Ratte« besaß.

Magda Goebbels' Vater, der wohlhabende Bauunternehmer Oskar Ritschel, sowie ihr jüdischer Stiefvater Richard Friedländer, ein Lederfabrikant, der 1939 im KZ Buchenwald ermordet wurde, hatten ihr eine gute Ausbildung an einer Klosterschule im belgischen Vilvoorde

Die nationalsozialistische Vorzeigefamilie: Magda Goebbels 1942 mit Ehemann, den gemeinsamen Kindern Helga, Hilde, Helmut, Holde, Hedda und Heide sowie Harald, ihrem Sohn aus erster Ehe

und einem exklusiven Mädchenpensionat in Goslar (Harz) ermöglicht. Trotzdem ergriff sie weder einen Beruf, noch studierte sie, sondern heiratete 18-jährig den zwanzig Jahre älteren Industriellen Günther Quandt, einen Witwer mit zwei Söhnen und, als Besitzer von Tuchfabriken, Metall- und Rüstungswerken, damals einer der vermögendsten Männer Deutschlands. Die Ehe wurde eine Enttäuschung, da ihr Mann sich hauptsächlich für seine Arbeit und nicht für Partys oder große Gesellschaften interessierte. Sie wurde geschieden, nachdem Magda Quandt ein Verhältnis mit dem jungen Zionisten Chaim Arlosoroff begonnen hatte. Großzügig abgefunden, lebte sie gemeinsamen mit ihrem Sohn Harald in einer vornehmen Berliner Wohnung, in der bald Nazis ein- und ausgingen.

Im Sommer 1930 hörte sie erstmals den damaligen Berliner Gauleiter und Einpeitscher der NSDAP Joseph Goebbels auf einer Parteigroßveranstaltung im Berliner Sportpalast – der gleiche Ort, an dem er dreizehn Jahre später die Deutschen mit seiner berühmt-berüchtigten Rede »Wollt ihr den totalen Krieg?« zum »Endsieg« einschwor. Er war schmächtig und hinkte wegen eines Klumpfußes, besaß aber ein demagogisches Talent, das schon damals Tausende

Bilder für die Propaganda: Neben ihrer Rolle als Mutter einer Vorzeigefamilie zeigte Magda Goebbels sich auch medienwirksam beim Spendensammeln für das Winterhelfswerk.

von Deutschen mitriss und auch Magda Quandt faszinierte. Sie trat der NSDAP bei und arbeitete schließlich im Büro Goebbels' – eine Aufgabe, die ihr eine Art Lebenssinn gab. Seinerseits soll es Liebe auf den ersten Blick gewesen sein. Sie heirateten im Dezember 1931. Hitler, von der Braut hingerissen, war Trauzeuge.

Mit ihren zwischen 1932 und 1940 geborenen sechs entzückenden Kindern besaß Magda Goebbels bald eine NS-Vorzeigefamilie, die regelmäßig in Zeitschriften oder der im Kino gezeigten NS-Wochenschau präsentiert wurde. Sie überließ sie allerdings häufig ihrem Personal, um mit ihrem Mann zu reisen. Auch äußerlich entsprach sie nicht dem Ideal der biederen deutschen Hausfrau, sie schminkte sich auffällig, kleidete sich extravagant, rauchte und trank reichlich Alkohol.

Die Ehe mit Joseph Goebbels war alles andere als glücklich, beide hielt hauptsächlich die ergebene Liebe zu Hitler zusammen. → Leni Riefenstahl behauptet in ihren Memoiren sogar, Magda Quandt habe

Goebbels nur genommen, weil Hitler ledig bleiben wollte, da er bereits »mit Deutschland verheiratet« sei. Das Paar stritt sich häufig, u. a. über das restriktive NS-Frauenbild, das Magda Goebbels unakzeptabel fand. Die zahllosen Frauenaffären ihres Manns nahm sie hin. Erst als er sich 1936 ernsthaft in die Schauspielerin → Lída Baarová verliebt hatte, wollte sie die Scheidung, die Hitler aus gesellschaftlicher Konvention schließlich untersagte. Wie der Architekt Albert Speer in seinen Erinnerungen schreibt, hatte sie »zum Entsetzen aller Eingeweihten« Goebbels' persönlichem Referenten Karl Hanke heiraten wollen. Mit ihrem Mann habe sie sich »nur äußerlich versöhnt«, weil er ihr sonst die Kinder entzogen hätte, gestand sie Speer. »Ich habe ihm versprechen müssen, nie mehr mit Karl zusammenzutreffen. Ich bin so unglücklich, aber ich habe keine Wahl.«

In der letzten Aprilwoche 1945, kurz vor der Einnahme Berlins durch die Rote Armee, zogen die Goebbels zu Hitler, dem sie »Treue bis in den Tod« geschworen hatten, in den Führerbunker unter der Reichskanzlei. Am 1. Mai 1945 starb die gesamte Familie. Die zwischen fünf und dreizehn Jahre alten Kinder wurden vergiftet – ob durch einen Arzt oder Magda Goebbels selbst, ist nicht zweifelsfrei geklärt. Anschließend schluckten sie und ihr Mann selbst Zyankalikapseln.

EMMY GÖRING, geb. Sonnemann

Schauspielerin, Frau von NS-Reichsmarschall Hermann Göring

1893 Hamburg – 1973 München

Heile Welt in der Diktatur: Emmy Göring mit Mann und Tochter Edda

Bereits äußerlich entsprach Emmy Göring dem »germanisch-nordischen« Frauenideal der Nationalsozialisten. → Martha Dodd, die spitzzüngige Tochter des damaligen US-Botschafters in Berlin, beschreibt sie als »eine freundliche blonde Frau über fünfunddreißig. Sie trägt ihre goldenen Zöpfe um den Kopf geschlungen, hat blaue Augen und eine mehr als üppige Figur, das Idealbild eines ziemlich matronenhaft gewordenen Gretchens« mit einem »hübschen, aber nicht besonders intelligenten Gesicht«.

Emmy Göring, Tochter eines Hamburger Schokoladenfabrikanten, hatte sich in den Zwanzigerjahren als Theaterschauspielerin etabliert. Seit 1922 spielte sie am berühmten Weimarer Nationaltheater, in dem 1919 die Deutsche Nationalversammlung getagt hatte, um die erste demokratische Verfassung Deutschlands zu beschließen.

In Weimar, das schon früh eine Nazihochburg war, lernte sie Anfang 1932 auch den ehemaligen Jagdflieger Hermann Göring kennen, der u. a. als Chef des Reichsluftfahrtministeriums und späterer NS-Reichsmarschall zu einem der ranghöchsten Nazis aufstieg. Durch seine Protektion wurde sie 1933 an das Preußische Staatstheater in Berlin engagiert, wo sie 1935 als »Minna von Barnhelm« in Lessings

Hochzeit mit Hermann Göring im Berliner Dom, 1935

gleichnamigem Stück ihren Bühnenabschied gab, um nur noch an der Seite Görings zu glänzen.

Am 10. April 1935 fand im Berliner Dom die pompöse Hochzeit statt, bei der Hitler Trauzeuge war. Hakenkreuzflaggen wurden gehisst, Soldaten standen Spalier und eine Fliegerstaffel stieg auf – Hermann Göring war auch Oberbefehlshaber der Luftwaffe. Wie für ihn war es auch für sie die zweite Ehe, von ihrem Schauspielerkollegen Karl Köstlin war sie bereits seit Anfang der 1920er Jahre geschieden. Sie nahm es hin, dass der schon damals morphiumsüchtige Göring um seine erste verstorbene Frau Carin einen krankhaften Kult betrieb, in seiner Berliner Wohnung ein »Carin-Gedenkzimmer« einrichtete, das nur von ihm selbst betreten werden durfte, und seinem Landhaus am Döllnsee in der Brandenburger Schorfheide den Namen »Carinhall« gab.

Dafür genoss Emmy Göring mit ihrem Mann, der die theatralische Selbstinszenierung liebte, ein Leben in geradezu maßlosem Luxus mit Wohnsitzen in Berlin, auf dem bayerischen Obersalzberg oder der Nordseeinsel Sylt. Vor allem in »Carinhall« residierten sie mit allem Pomp – mit Antiquitäten, erstklassigen Gemälden, wie die »Madonna

Emmy Göring nahm an der Seite ihres Mannes offizielle Repräsentationsaufgaben war. Das Bild zeigt sie im Gespräch mit Reichsaußenminister Freiherr von Neurath bei einem Empfang in den prächtigen Räumen der italienischen Botschaft im Oktober 1936.

mit dem Kinde« von Lucas Cranach d. Ä., Skulpturen und kostbaren Gobelins. Fast alles war in ganz Europa »konfisziert« worden. »Hier herrschte Hofluft«, so der Fotograf Eitel Lange. »Ich befand mich in einer Welt, die um einen regierenden Fürsten zu kreisen schien.«

Emmy Göring übernahm auch offizielle Repräsentationsaufgaben. An der Seite ihres Manns empfing sie in »Carinhall« Staatsgäste wie den britischen Außenminister Lord Halifax und den italienischen Diktator Benito Mussolini, der ihr, nach den Behauptungen der damaligen Berliner Society-Spezialistin → Bella Fromm, heftig den Hof gemacht haben soll. In der Bevölkerung waren die Görings durchaus populär – ganz im Gegensatz zu Joseph und → Magda Goebbels, mit der Emmy Göring um die Position der »First Lady« konkurrierte. Ihr Glück war perfekt, als sie mit fast Mitte Vierzig am 2. Juni 1938 die Tochter Edda bekam – ihr einziges Kind und der »Sonnenschein ihres Lebens«. Das alles verlor erst an Glanz, als ihr Mann nach dem verheerenden alliierten »1000-Bomber-Angriff« auf Köln Ende Mai 1942 und dem Scheitern der Luftwaffe, die bei Stalingrad eingeschlossenen deutschen Soldaten zu unterstützen, bei Hitler in Ungnade fiel und politisch an Einfluss verlor. Nachdem er dem »Führer«, der sich im Berliner Reichstagsbunker verschanzt hatte, kurz vor Kriegsende anbot, die Staatsgeschäfte zu übernehmen, wurde er sogar kurzzeitig verhaftet.

Als einer der NS-Hauptkriegsverbrecher zum Tod verurteilt, nahm er sich am 15. Oktober 1946, kurz vor seiner Hinrichtung, mit einer Zyankalikapsel das Leben. Emmy Göring kam als Profiteurin des Naziregimes in das Internierungslager Augsburg-Göggingen. »Meine einzige Belastung ist«, sagte sie, »ich bin die Frau von Hermann Göring. [...] »Die hohe Politik hatte mich früher, wie wohl die meisten Frauen, nicht so sehr beschäftigt. Ich war Schauspielerin, ich diente einer politikfernen Bühnenkunst.« Dabei »übersah« sie alles andere – die aktive Rolle ihres Mannes bei der Verfolgung von Andersdenkenden, den Holocaust und die Kriegsvorbereitungen. Sie äußerte stattdessen, weder sie noch ihr Mann hätten von den Vernichtungslagern gewusst, sie hätte geglaubt, dass sie nur der politischen Umerziehung dienten. Sie könne sich nicht vorstellen, dass ihr Mann »über das Ausmaß der schrecklichen Vorkommnisse in einem Lager außerhalb Deutschlands – bei Auschwitz – unterrichtet gewesen sei [...].«

1948 kam sie frei. Unter anderem der Schauspieler und Theaterintendant Gustaf Gründgens, der als Protegé ihres Manns seit 1934 mit der Leitung des Berliner Staatstheaters betraut war, hatte entlastend für sie ausgesagt. Tatsächlich hatte sie auf seine Intervention hin einige am Theater engagierte jüdische Schauspielerkolleginnen und -kollegen geschützt. Eine kritische Reflexion ihrer Position in der NS-Zeit jedoch entwickelte sie auch in ihren Erinnerungen »An der Seite meines Mannes« (1967) nicht.

STELLA GOLDSCHLAG

Jüdische Gestapo-Agentin

1922 Berlin – 1994 Freiburg im Breisgau

Eines der unfassbarsten, tragischsten und widersprüchlichsten Schicksale, die das NS-Regime hervorbrachte, ist das von Stella Goldschlag. Um als Jüdin selbst der Deportation in den Tod zu entgehen, spürte sie als sogenannte »Greiferin« in Berlin 1943/44 mehr als hundert untergetauchte Juden, sogenannte »U-Boote«, auf und lieferte sie der Gestapo aus. »Sie fungierte wie ein Henker im Sinne der ›Endlösung‹ für Hitlers ›Judenfrage‹. Warum hatte sie das getan – wo sie doch jüdisch war wie wir? Es war ein grausiger Rollentausch – die Gejagte, die sich zum Jäger machte, das Opfer, das zum Täter wurde«, sagte ihr einstiger Mitschüler Peter Wyden (ursprünglich Peter Weidenreich), der mit seinen Eltern 1937 in die USA entkommen konnte und später ein Buch über Goldschlag schrieb.

Sie wuchs als einziges, wohlbehütetes Kind gut situierter Eltern in Berlin auf. Die Mutter Antonie war Sängerin, der Vater Gerhard Komponist. Wie für alle Juden in Deutschland begann ihr Leidensweg, als Hitler an die Macht kam. Der Vater verlor seine Einkünfte, Stella musste von der öffentlichen auf eine private jüdische Schule wechseln. Anschließend konnte sie nur an einer privaten Kunstschule eine Ausbildung als Modezeichnerin beginnen, bis sie u. a. bei Siemens zur Zwangsarbeit gezwungen wurde. Im Oktober 1942 heiratete sie ihren Schulfreund Manfred Kübler, der eine Jazzband leitete, in der sie sang. Er wurde bei der sogenannten »Fabrikaktion« am 27. Februar 1943 verhaftet und kurz darauf im KZ Auschwitz ermordet.

Goldschlag, die mit ihren blonden Haaren und blauen Augen »arisch« aussah, lebte als untergetauchte Jüdin in Berlin – bis sie mit ihrem späteren zweiten Mann Rolf Isaaksohn am 2. Juli 1943 in einem Restaurant denunziert, verhaftet und schwer gefoltert wurde. Sie erhielt Schläge, saß in Einzelhaft in einer Zelle, deren Fußboden unter Wasser gesetzt war, und wurde Tag und Nacht zu Verhören geholt.

Im April 1933 begann der systematische Boykott jüdischer Geschäfte: antisemitisch beschmiertes Bekleidungshaus in Berlin.

Unter der Drohung »Sonst kommst Du nach Auschwitz« erklärte sie sich schließlich bereit, mit der Gestapo zu kollaborieren und nach den damals noch ca. 5000 in Berlin untergetauchten Juden zu fahnden. Sie hoffte, damit nicht nur sich selbst, sondern auch ihre ebenfalls im Untergrund lebenden Eltern vor dem Konzentrationslager bewahren zu können – vergeblich. Sie wurden im Februar 1944 deportiert, zunächst in das Ghetto Theresienstadt und im Oktober in das KZ Auschwitz, wo sie ermordet wurden.

Als »Greiferin« durchstreifte Goldschlag gemeinsam mit Isaaksohn Berliner Straßen und Wohnhäuser, suchte in Cafés und Geschäften, in Kinos, Theatern und in der Staatsoper – Orte, an denen sich untergetauchte jüdische Verfolgte oft aufhielten, da sie ihre Verstecke tagsüber meist verlassen mussten, um keinen Verdacht zu erwecken, oder es dort einfach nicht mehr aushielten. Goldschlag verriet auch Schulfreunde und -freundinnen, sprach »Verdächtige« an, denen sie Lebensmittel, gefälschte Papiere oder mögliche Verstecke in Aussicht stellte. Oder sie gab sich »U-Booten« gegenüber selbst als hilfesuchende Jüdin aus. Jung, attraktiv und elegant gewann sie schnell das Vertrauen ihrer Opfer. Oft verabredete sie mit ihnen ein Treffen, bei dem sie sie der Gestapo auslieferte. Einzelne Bekannte, wie den jungen, jüdischen Passfälscher Cioma Schönhaus, verschonte sie allerdings. Er konnte in die Schweiz fliehen und überlebte dort. Manche warnte sie sogar vor einer Gestapo-Razzia, sodass sie sich rechtzeitig in Sicherheit bringen konnten. Wie Zeugen nach dem Zweiten Welt-

Stella Goldschlag war als »Greiferin« in den Straßen Berlins unterwegs.

krieg aussagten, begann sie ihre Aktivitäten als »Greiferin« Ende 1944 schließlich nach und nach einzustellen.

Im April 1945, kurz vor Kriegsende, brachte ihr damaliger Geliebter, der ebenfalls als Jude verfolgte Heinz Meissl, sie in der brandenburgischen Kleinstadt Liebenwalde unter, wo im Oktober ihre Tochter Yvonne zur Welt kam. Im März 1946 wurde Goldschlag von den sowjetischen Besatzungsbehörden in Berlin verhaftet, als sie einen Antrag auf Anerkennung als »Opfer des Faschismus« stellte. Jüdische Überlebende hatten sie auf der Wiedergutmachungsbehörde als den einstigen »Schrecken vom Kurfürstendamm« wiedererkannt. Unter großer Medienaufmerksamkeit wurde ihr der Prozess gemacht. Wegen »Verbrechen gegen die Menschlichkeit« verurteilt, kam sie zehn Jahre ins Gefängnis. In einem anschließenden zweiten Strafverfahren erhielt sie wegen »Beihilfe zum Mord und Freiheitsberaubung mit Todesfolge« erneut eine zehnjährige Strafe, die sie wegen der bereits verbüßten Haft allerdings nicht antreten musste.

Rückblickend behauptete Goldschlag, nur Isaaksohn, den zu heiraten die Gestapo sie damals gezwungen habe, sei als Fahnder tätig gewesen. Noch Anfang der 1990er Jahre, in einem Gespräch mit ihrem ehemaligen Schulfreund Peter Wyden, der sie ausfindig gemacht und nach einem längeren Briefwechsel in Deutschland aufgesucht hatte, bestritt sie eine aktive Mitarbeit bei der Gestapo.

Sie heiratete noch dreimal, bemühte sich vergeblich um das Sorgerecht für ihre Tochter und nahm sich 1994, fünfzig Jahre nach ihrer unheilvollen Tätigkeit als »Greiferin«, mit einem Sprung aus dem Fenster ihrer Freiburger Wohnung das Leben.

ELISE HAMPEL, geb. Lemme

Hausmädchen, Hilfsarbeiterin, NS-Widerstandskämpferin

1903 Bismark/Sachsen-Anhalt – 1943 Berlin

In Hans Falladas Roman »Jeder stirbt für sich allein« wurden sie gewürdigt: Elise und Otto Hampel

»Im Sinne der Gerechtigkeit gibt es nur eins: Nieder mit dem schurkischen Hitlerregime! Dieses bringt Not, Elend und Tod! Nie einen Frieden«, heißt es auf einer Postkarte von Elise und Otto Hampel aus dem Jahr 1941. Zwei Jahre lang, zwischen September 1940 und ihrer Verhaftung Ende Oktober 1942, verfasste sie mit ihrem Mann handschriftliche Karten und Zettel gegen das NS-Regime, die sie in Berlin in Treppenhäusern auslegten oder in Briefkästen warfen.

Die Hampels waren einfache Leute, sie Hausfrau, er Arbeiter im Kabelwerk von Siemens-Schuckert. Bescheiden und unauffällig lebten sie im Arbeiterbezirk Wedding. Was brachte ein Paar aus dem Arbeitermilieu ohne Bildung oder politische Anbindung, dem zudem das Schreiben und Formulieren schwerfiel, zum Widerstand? War sie die treibende Kraft? Der Tod ihres Bruders Kurt, der 1940 als Soldat in Frankreich gefallen war, gab Elise Hampel später an, hatte sie und ihren Mann zu Regimegegnern werden lassen. Sie ahnten nicht, dass ihre Karten und Zettel sofort bei der Gestapo landeten, denn ihren Findern war es bei Strafe verboten, sie aufzubewahren. Wie viele es waren, weiß man nicht. Die Gestapo erfasste 234 Exemplare.

Am 20. Oktober 1942 wurden sie beim Auslegen einer Postkarte am Berliner Nollendorfplatz von einer Anwohnerin beobachtet und

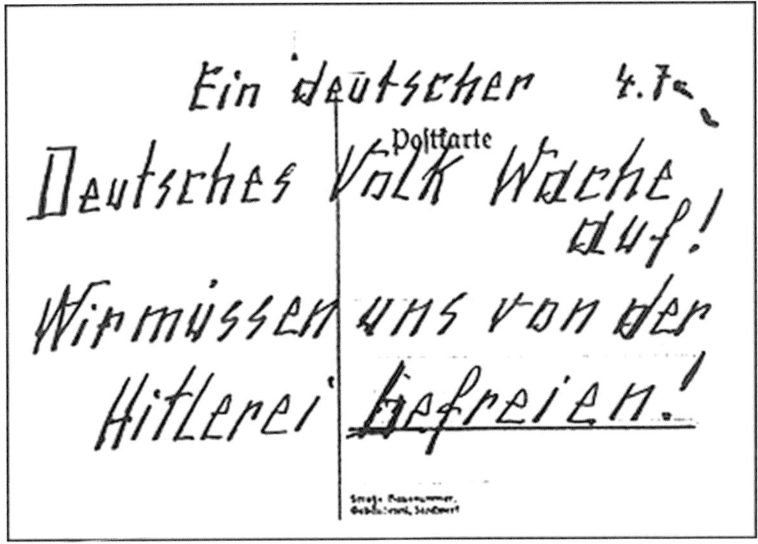
Ein deutscher

Postkarte

Deutsches Volk Wache auf!
Wir müssen uns von der
Hitlerei befreien!

Mit Hunderten von Postkarten riefen Elise Hampel und ihr Mann in Berlin zum Sturz der Hitlerdiktatur auf.

denunziert und ein Vierteljahr später vom NS-Volksgerichtshof wegen »Zersetzung der Wehrkraft« und »Vorbereitung zum Hochverrat« zum Tod verurteilt. Um die eigene Haut noch zu retten, behaupteten beide vom anderen angestiftet worden zu sein. In Untersuchungshaft sagte Elise Hampel, ihr Mann habe ihre Trauer um ihren Bruder ausgenutzt, um sie »in diese Verwirrungen und Verirrungen zu treiben«. Otto Hampel, der nach seiner Verhaftung noch geäußert hatte, »glücklich bei dem Gedanken« gewesen zu sein, gegen Hitler und sein Regime protestieren zu können, gab in seiner unsicheren Rechtschreibung zu Protokoll, er habe sich von seiner Frau zum Verteilen der Postkarten verleiten lassen: »Ihr dauerndes getöse und Unzufriedenheit und drängen zum verbreiten ergab es das so lange zeit die Karten in Erscheinung kamen.« Er bezeichnete die Karten jetzt als »ekelhaft« und bereue es sehr, sie verfasst zu haben.

Am 8. April 1943 starben die Hampels in der Hinrichtungsstätte Berlin-Plötzensee durch die Guillotine. Durch Hans Falladas letzten Roman »Jeder stirbt für sich allein« (1947), der auf ihren Gestapo-Akten basiert und lediglich Namen und Schauplätze verändert, ist ihre Widerstandstätigkeit gegen Hitler bis heute in Erinnerung.

THEA VON HARBOU

Schauspielerin, Drehbuchautorin, Schriftstellerin

1888 Tauperlitz/Oberfranken, heute zu Döhlau – 1954 Berlin

Lebenslang überzeugte Nationalsozialistin: Thea von Harbou

Thea von Harbou, die aus einer verarmten Adelsfamilie stammte, war ausgebildete Schauspielerin und seit Jugendzeiten auch erfolgreiche Romanautorin. Sechzehnjährig hatte sie in einer Zeitung ihren ersten Roman veröffentlicht, dem zahlreiche weitere folgten, meist triviale Geschichten, in denen sie ein regressives Frauenbild vertrat, das später gut in die Naziideologie passte.

Ihre größten Erfolge hatte sie als Drehbuchautorin. Gemeinsam mit ihrem Mann, dem Filmregisseur Fritz Lang, mit dem sie in den Zwanzigerjahren zu den prominentesten Erscheinungen der Berliner Kulturszene gehörte, hatte sie Meisterwerke des expressionistischen Stummfilms geschaffen, die heute Klassiker der Filmgeschichte sind. Für diese schrieb sie nahezu alle Drehbücher: »Der müde Tod«, »Frau im Mond« und die finstere Utopie »Metropolis« (1926), die weltberühmt wurde. Mit »M« (1931), einem Film über einen Kindermörder, konnten sich Harbou und Lang auch im Tonfilm durchsetzen. Obwohl die Nationalsozialisten die moderne Filmästhetik ablehnten, hatten einige ihrer Filme auch bei ihnen Anerkennung gefunden. »Die Nibelungen«, ein Film über das Nationalepos der Deutschen, war einer der Lieblingsfilme Adolf Hitlers.

Die Ehe des kongenialen Paars zerbrach. Lang emigrierte 1933 über Frankreich in die USA, wo er der Anti-Nazi-League beitrat. Harbou blieb in Deutschland, lebte mit dem siebzehn Jahre jüngeren indischen Wissenschaftler Ayi Tendulkar zusammen (Inder galten nach der NS-Rasseideologie als »Arier«) und setzte ihre Karriere im NS-Kulturbetrieb nahtlos fort, wenngleich ihre künstlerisch beste Zeit nach der Trennung von Lang bereits hinter ihr lag. Nach zwei erfolglosen eigenen Filmen entstanden Drehbücher für NS-Unterhaltungs- und Propagandafilme. Einige davon schrieb sie für NS-Starregisseur Veit Harlan, darunter der »Der Herrscher« (1937), eine nationalsozia-

1925 veröffentlichte von Harbou ihren Science-Fiction-Roman »Metropolis« – die Vorlage für Fritz Langs weltberühmten Stummfilm (Umschlagseite einer Buchausgabe des Ullstein Verlags, 1978)

listisch verbrämte Bearbeitung von Gerhart Hauptmanns 1932 uraufgeführtem Gesellschaftsdrama »Vor Sonnenuntergang«.

Mit einem Ausländer liiert, kinderlos und erfolgreiche Geschäftsfrau – Harbou entsprach nicht dem von ihr selbst propagierten Bild der »deutschen Frau«. In die NSDAP trat sie erst Ende 1940 ein, angeblich um Einfluss zu gewinnen und vom Regime Bedrohten zu helfen, wie sie später behauptete. 1941 gehörte sie zu den wenigen, die es wagten, an der Beerdigung des Schauspielers Joachim Gottschalk teilzunehmen, der sich, wegen seiner jüdischen Frau unter Druck gesetzt, mit ihr und seinem Sohn verzweifelt das Leben genommen hatte.

1949 wurde Harbou im Entnazifizierungsverfahren als »unbelastet« eingestuft und konnte nach zeitweisem Berufsverbot wieder schreiben.

MILDRED HARNACK, geb. Fish

Literaturwissenschaftlerin, Übersetzerin, NS-Widerstandskämpferin

1902 Milwaukee/Wisconsin (USA) – 1943 Berlin

Die Publizistin Margret Boveri sagte über Mildred Harnack: »Sie gehörte zu der Generation studierter Frauen, die an den Fortschritt und an die Besserung der Welt glaubten und selbst in geistiger Arbeit an diesem Aufstieg mitarbeiten wollten.« Das Schicksal führte die junge amerikanische Kaufmannstochter dabei ins Zentrum des deutschen NS-Widerstands. An der Universität Madison in Wisconsin, wo Mildred Fish damals Literaturwissenschaft unterrichtete, hatte sie 1926 den angehenden deutschen Juristen und Wirtschaftswissenschaftler Arvid Harnack getroffen, der als Rockefeller-Stipendiat in die USA gekommen war. Bereits wenige Monate nach ihrer ersten Begegnung heirateten sie. Sie passten perfekt zueinander. Beide waren hochgebildet, idealistisch und politisch links stehend. Wie andere Intellektuelle ihrer Zeit hatten sie starke Sympathien zum Kommunismus. Die Sowjetunion, die sie später während einer Reise kennenlernten, galt ihnen als vorbildlich.

1929 ging Mildred Harnack mit ihrem Mann nach Deutschland, wo sie offen im Kreis seiner Angehörigen aufgenommen wurde, die neben den Delbrücks, von Dohnanyis oder Bonhoeffers zu den bekannten deutschen Gelehrtenfamilien gehörten. Das junge Paar lebte zunächst in Gießen, ab 1930 in Berlin. Obwohl sie immer unter Heimweh litt, integrierte Mildred Harnack sich gut. Als Amerikanerin in Deutschland war sie keine Ausnahme, nicht wenige ihrer Landsleute studierten damals hier. Sie lehrte englische und amerikanische Literatur an der Humboldt-Universität, unterrichtete am Städtischen

Mit Ehemann Arvid

Abendgymnasium, arbeitete als Übersetzerin und Lektorin und schrieb Artikel über zeitgenössische US-Autoren. Während seines Berlin-Aufenthalts interviewte sie den jungen amerikanischen Schriftsteller Thomas Wolfe, der damals am Anfang seiner Karriere stand.

Als kinderloses, berufstätiges Akademikerpaar führten die Harnacks ein für ihre Zeit zwar nicht gerade durchschnittliches, nach außen hin aber durchaus angepasstes Leben. Nach 1933 trat Mildred sogar der NS-Lehrerschaft bei und Arvid, der im Amerikareferat des Reichswirtschaftsministeriums und als Universitätsdozent für Außenpolitik arbeitete, wurde NSDAP-Mitglied. Beides diente der Tarnung: Bereits seit Beginn der Hitlerdiktatur gehörten sie zu einer losen Gruppe Oppositioneller, die von den Nazis später als »Rote Kapelle« bezeichnet wurde. Ihre Wohnung im Berliner Arbeiterbezirk Neukölln war ein Treffpunkt Gleichgesinnter wie Harro und → Libertas Schulze-Boysen, Hans und → Hilde Coppi sowie Adam und Greta Kuckhoff. Sie verbreiteten Flugschriften gegen Krieg und NS-Gewaltverbrechen und halfen Zwangsarbeitern und Juden.

Als Amerikanerin konnte Mildred dabei viel tun. Sie hatte stets Verbindung zu in Deutschland lebenden Landsleuten gehalten, verkehrte im American Women's Club und war mit → Martha Dodd befreundet, die als Tochter des damaligen US-Botschafters in Deutschland seit 1933 in Berlin lebte und den Nazis ebenso ablehnend gegenüberstand. Mildred Harnack nutzte ihre Kontakte zur Beschaffung von Flüchtlingsvisa. Während verschiedener Reisen innerhalb Europas organisierte sie außerdem die Flucht Verfolgter aus Deutschland. »Da sie inzwischen im Potsdamer Verlag Rütten und Loening für die Übersetzung von Büchern aus dem Englischen zuständig war, hatte Mildred Harnack nun einen beruflichen Wirkungskreis, der ›Deckung‹ für diese Reisen lieferte. Es war in gewissem Maße glaubwürdig, dass sie sich im Ausland mit Fremden traf. Daheim konnte sie ihre Arbeit als Übersetzerin benutzen, um rationierte Arbeitsmittel wie Tinte und Papier für geheime Publikationen zu beschaffen«, schreibt ihre amerikanische Biografin Shareen Blair Brysac.

Arvid Harnack versuchte in dieser Zeit gemeinsam mit Harro Schulze-Boysen kriegsrelevante Nachrichten an die Sowjetunion zu übermitteln. Im Frühjahr 1941 informierte er die sowjetische Botschaft in Berlin über den geplanten Angriff der deutschen Wehrmacht. Die Warnungen sollen bis zu Diktator Stalin gedrungen sein, der ihnen nicht glaubte – im selben Jahr marschierten deutsche Truppen in Russland ein.

Die Harnacks ahnten scheinbar nicht, dass sie von der NS-Abwehr inzwischen enttarnt worden waren und überwacht wurden. Eine Schiffspassage, die ihr Mann ihr bereits vor längerer Zeit gebucht hatte, nutzte Mildred jedenfalls nicht. Oder ignorierte sie die drohende Gefahr, um an seiner Seite weiter im NS-Widerstand aktiv zu sein?

Ihr Wohnhaus in Berlin-Neukölln – ein Treffpunkt für NS-Gegner

Gedenktafel für Mildred und Arvid Harnack im Hauseingang Hasenheide 61

Selbst als Hitler den USA im Dezember 1941 den Krieg erklärte und die meisten ihrer Landsleute heimkehrten, blieb sie in Deutschland. Brysac deutet an, dass Mildred Harnack Ende der 1930er Jahre vergeblich versucht habe, in ihrem Heimatland ein Stipendium oder eine passende Arbeit zu erhalten, aber Stellen für Literaturwissenschaftler waren knapp, die Konkurrenz groß.

Am 7. September 1942 wurden sie und ihr Mann während eines Urlaubs auf der Kurischen Nehrung in der Nähe von Königsberg (damals Ostpreußen) verhaftet. Arvid wurde am 22. Dezember in der Hinrichtungsstätte Berlin-Plötzensee gehängt. Ihre Verurteilung zu sechs Jahren Zuchthaus war auf Befehl Hitlers in einem erneuten Verfahren am 16. Januar 1943 in die Todesstrafe umgewandelt worden. Einen Monat darauf wurde auch Mildred Harnack in Plötzensee hingerichtet. Von der Haft sichtlich mitgenommen, hatte sie in ihrer Zelle noch in ihren letzten Stunden an der Übersetzung von Goethe-Gedichten gearbeitet.

LISELOTTE HERRMANN

Biologiestudentin, NS-Widerstandskämpferin

1909 Berlin – 1938 Berlin

In der DDR wurde Lilo Herrmann zur »wahren Heldin unseres Volkes« stilisiert. Viele Mythen entstanden, eine umfassende Biografie über sie fehlt bis heute.

Liselotte (Lilo) Herrmann war die erste von den Nationalsozialisten hingerichtete Widerstandskämpferin. Viele mutige Frauen ließen sich von ihrem Widerstand gegen das Regime trotz Lebensgefahr nicht abhalten.

Von Jugend an war Herrmann, die aus einer gutbürgerlichen Berliner Familie stammte, in kommunistischen Organisationen wie dem »Sozialistischen Schülerbund« und der »Roten Studentengruppe« aktiv. 1931 trat sie der KPD bei. Weil sie nach dem Machtantritt der Nazis an der Berliner Universität, wo sie Biologie studierte, einen »Aufruf zur Verteidigung demokratischer Rechte und Freiheiten« unterschrieben hatte, musste sie ihr Studium aufgeben.

Als Mitglied der inzwischen verbotenen KPD tauchte sie unter einem Decknamen unter, zog aber 1934, nach der Geburt ihres Sohns Walter, zu ihren Eltern, die damals in Stuttgart lebten. Fritz Rau, der Vater ihres Kindes, war als kommunistischer Widerstandskämpfer bereits 1933 verhaftet und im Gefängnis erschlagen worden. Getarnt als Sekretärin im Ingenieurbüro ihres Vaters arbeitete sie aktiv im Widerstand. Sie leitete Informationen über die NS-Kriegsvorbereitungen an Schweizer Genossen weiter, u. a. Pläne zum Bau einer unterirdischen Munitionsfabrik bei Celle, die ihr zum Verhängnis wurden. Bei einer Wohnungsdurchsuchung Anfang Dezember 1935 fand man, neben kommunistischen Druckschriften und Büchern, eine Kopie des Bauplans und verhaftete Herrmann.

Nach anderthalb Jahren im Gefängnis, zuletzt im Zuchthaus Berlin-Plötzensee, wurde sie am 12. Juni 1937 vom NS-Volksgerichtshof wegen »Landesverrats und Vorbereitung zum Hochverrat« zum Tod verurteilt. Es folgte eine europaweite Kampagne für Herrmann. Bittschreiben für eine Begnadigung der jungen Mutter gingen an die deutsche Botschaft. Britische Prominente wandten sich in einem

Wie Tausende Frauen und Männer des NS-Widerstands wurde Herrmann im Zuchthaus Berlin-Plötzensee durch die Guillotine hingerichtet. Heute befindet sich hier eine Gedenkstätte.

Telegramm an Hitler, die »Internationale Frauenliga für Frieden und Freiheit« an NS-Reichsfrauenführerin → Gertrud Scholtz-Klink, und Herrmanns Mutter schrieb an → Emmy Göring. »Kein Name eines deutschen Antifaschisten – mit Ausnahme von Ernst Thälmann und Edgar André – wurde in diesen Jahren so häufig genannt wie der von Lilo Herrmann«, so der Schriftsteller Stephan Hermlin rückblickend.

Trotz aller Proteste wurde Herrmann am 20. Juni 1938 in Plötzensee hingerichtet – drei Tage vor ihrem 29. Geburtstag. In ihrer politischen Überzeugung war sie unbeirrt geblieben: »Wenn ich über das mir bekannte Ziel des Kommunismus befragt werde, dann kann ich dies in einem Satz ausdrücken, und der heißt: das größte Glück der größten Menge. [...] Wenn ich weiter gefragt werde, wie ich mir den Weg zu diesem Ziel vorgestellt habe, dann antworte ich darauf: Durch Überzeugung der Massen und Schaffung einer Mehrheit für den Kommunismus.«

ILSE HESS, geb. Pröhl

Frau des Hitlerstellvertreters Rudolf Heß

1900 Hannover – 1995 Lilienthal/Allgäu

Ilse Heß nach 1945

Als sie ihren Mann am 24. April 1969 erstmals in Haft besuchte, hatte sie ihn 28 Jahre lang nicht mehr gesehen. Rudolf Heß, einer der NS-Hauptkriegsverbrecher, verbüßte wegen »Planung eines Angriffskriegs« und »Verschwörung gegen den Weltfrieden« eine lebenslängliche Strafe im Alliierten Militärgefängnis in Berlin-Spandau, wo er jeden Besuch verweigerte, bis er schwer erkrankte. Ilse Heß hatte sich mit ihrem gemeinsamen, inzwischen erwachsenen Sohn Wolf Rüdiger vergeblich um seine Begnadigung bemüht und in revisionistischen Büchern, wie »Gefangener des Friedens – Neue Briefe aus Spandau«, die Erinnerung an ihn wachgehalten. Als sich ihr Mann nach 41-jähriger Haft 1987 das Leben nahm, glaubte sie an Mord.

Sie war eine Nationalsozialistin der ersten Stunde und blieb es bis zum Ende ihres 95-jährigen Lebens. Als Münchner Germanistikstudentin hatte sie den NSDAP-Aktivisten Rudolf Heß kennengelernt, den sie zu Parteiveranstaltungen begleitete – anfangs weniger aus politischem Interesse, sondern weil sie sich in ihn verliebt hatte. Sie übernahm Sekretariatsarbeiten für ihn und tippte Hitlers Manuskript »Mein Kampf« ab.

Nach siebenjähriger Verlobung mit Rudolf Heß soll Hitler zu ihr gesagt haben: »Liebes Fräulein Pröhl, ist es Ihnen denn noch nie in den Sinn gekommen, diesen Mann zu heiraten?« Bei der Hochzeit am 20. Dezember 1927 war er Trauzeuge. Trotz des Gerüchts Rudolf Heß sei homosexuell, wurde es eine gute Ehe. Sie verband vor allem ihre Liebe zu Hitler, den sie den »Tribun« nannten.

Rudolf Heß stieg zu dessen Stellvertreter auf, das Paar gehörte zur Nazielite, aber Ilse Heß, die weder Hausfrau sein noch repräsentieren wollte, sehnte sich nach der Zeit zurück »als ich Sekretärin, Adjutant und Stab in einer meiner [sic!] Person war.« Die Rolle der »First Lady« überließ sie lieber → Magda Goebbels und → Emmy Göring.

Ihr Mann spricht vor 120.000 Parteigenossen auf dem Gautag in Halle-Merseburg

1941 fiel Rudolf Heß bei Hitler in Ungnade, weil er eigenmächtig nach England flog, wohl um Friedensverhandlungen mit der britischen Regierung aufzunehmen. Er blieb dort als Kriegsgefangener interniert, während ihn Hitler für geisteskrank erklärte und sämtlicher Ämter enthob. Ilse Heß, die nicht in die Pläne ihres Manns eingeweiht gewesen war, sondern nur geahnt hatte, dass er »irgend etwas vorhatte«, galt jetzt als »die Frau des Verräters«. Die Gestapo durchsuchte ihr Haus, sie verlor ihr Vermögen und wurde gesellschaftlich gemieden. Trotzdem glaubte sie weiter an das »Dritte Reich« und betrachtete ihren Mann als »Märtyrer des Friedens«. Nach Kriegsende saß sie einige Monate in alliierter Haft, bis sie im Spruchkammerverfahren als »Minderbelastete« eingestuft wurde.

HELENE JACOBS

Sekretärin, NS-Widerstandskämpferin

1906 Schneidemühl – 1993 Berlin

Israel ehrte sie 1968 als »Gerechte unter den Völkern«.

»Meine Welt ging kaputt, die wollte ich verteidigen. Ich hatte am 30. Januar 1933, als Hitler Reichskanzler wurde, mein Vaterland verloren. Besonders die antisemitischen Nürnberger Gesetze (1935), die einen Teil der Bevölkerung willkürlich aus der Gemeinschaft ausschlossen, gingen mir unter die Haut. Diesen verfolgten Menschen wollte ich helfen.«

Helene Jacobs zählt heute zu den weniger bekannten Frauen, die gegen das NS-Regime Widerstand leisteten. Sie war eine eher unauffällige Person, alleinstehend und in bescheidenen Verhältnissen lebend, Christin und überzeugte Demokratin. Die höhere Schule hatte sie nach dem frühen Tod ihres Vaters, eines Lehrers, vorzeitig abbrechen müssen. Seit 1924 arbeitete sie als Sekretärin bei dem Berliner Patentanwalt Hermann Barschall, der ein guter Freund wurde. Als er und seine Frau als Juden in Gefahr gerieten, verhalf sie ihnen unter großem persönlichen Einsatz 1939 zur Flucht aus Deutschland. Für Jacobs, die sich selbst als ängstlich bezeichnete, war es der Beginn ihrer jahrelangen Widerstandstätigkeit.

Sie suchte Kontakt zur »Bekennenden Kirche«, die die Rasseideologie der Nazis ablehnte, und fand Anschluss an den Helferkreis um den Juristen und entlassenen Staatsbeamten Franz Kaufmann, einem zum Christentum konvertierten Juden, der rassisch Verfolgten mit Lebensmittelkarten, Verstecken und gefälschten Papieren half. Jacobs, die jetzt freiberuflich als Schreibkraft arbeitete, nahm im Juni 1943 in ihrer kleinen Berliner Wohnung den steckbrieflich gesuchten jungen jüdischen Dokumentenfälscher Cioma Schönhaus auf, dessen »bearbeitete« Pässe sie zu Kaufmann brachte. »Äußerlich entsprach sie einer Tarnkappe. Sie wirkte wie die Unschuld vom Lande«, schrieb Schönhaus später in seinen Memoiren über seine ehemalige Zimmerwirtin. »Aber sie wusste sich dieser Tarnkappe hervorragend zu bedienen.«

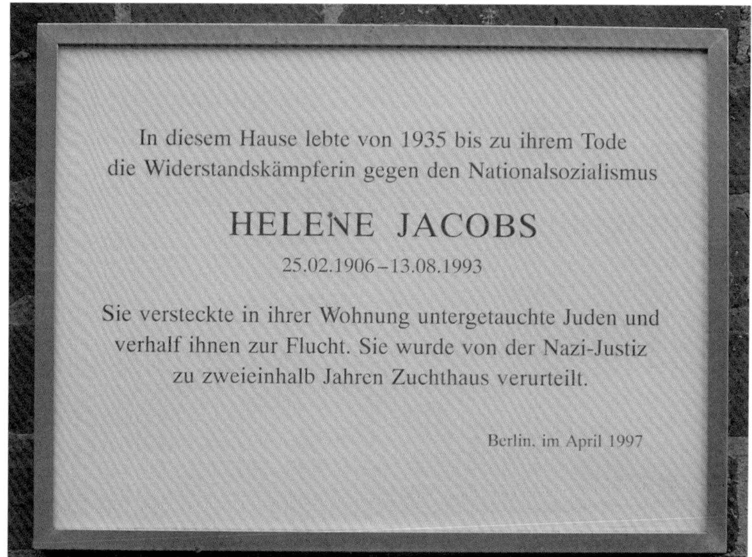

Gedenktafel an ihrem Wohnhaus Bonner Straße 2 in Berlin-Wilmersdorf, in der Jacobs auch den jungen jüdischen Grafiker Cioma Schönhaus versteckte.

Dennoch wurde Jacobs im August 1943 verhaftet und im Januar 1944 zu zweieinhalb Jahren Zuchthaus verurteilt – eine verhältnismäßig milde Strafe. Man hielt sie für eine von der »Bekennenden Kirche« irregeführte Frau. Das Ausmaß ihrer Tätigkeit hatte man nicht erkannt. Es war ihr gelungen, die Gestapo so lange von ihrer Wohnung fernzuhalten, dass Schönhaus belastendes Material vernichten und fliehen konnte. Er entkam in die Schweiz, wo ihn Jacobs nach 1945 mehrmals besuchte.

Wenige Tage vor Kriegsende kam sie frei. Sie begann ein Jurastudium, das sie aus Geldnot wieder aufgeben musste, engagierte sich für die Verständigung zwischen Juden und Christen und arbeitete beim Berliner Entschädigungsamt, wo ihr engagierter Einsatz für ehemalige NS-Verfolgte oft auf Unverständnis stieß.

TRAUDL JUNGE, geb. Humps
Hitlers Sekretärin

1920 München – 2002 München

Traudl Junge, 1942

»Ich habe gelernt dazu zu stehen, dass ich 1942, 22 Jahre jung und abenteuerlustig, von Adolf Hitler fasziniert war, dass er ein angenehmer Chef und väterlicher Freund war, dass ich die warnende Stimme in mir, die ich durchaus vernahm, absichtlich überhörte und die Zeit bei und mit ihm fast bis zum bitteren Ende genoss. Nach den Enthüllungen über die Verbrechen dieses Mannes werde ich bis zu meiner letzten Stunde mit dem Gefühl der Mitschuld leben.«

Als eine der ganz wenigen Frauen aus dem engeren Umkreis Hitlers reflektierte Traudl Junge ihre Rolle während der NS-Zeit nachträglich selbstkritisch, was ihr viel Respekt einbrachte. Einer breiteren Öffentlichkeit wurde sie 2002 durch die Filmdokumentation »Im toten Winkel« von André Heller und Othmar Schmiderer bekannt, in der sie kurz vor ihrem Tod erstmals ausführlich aus ihrem Leben berichtet. Zur gleichen Zeit erschienen ihre bereits 1947/48 niedergeschriebenen Erinnerungen unter dem Titel »Bis zur letzten Stunde – Hitlers Sekretärin erzählt ihr Leben« als Buch. Aus ihrer Perspektive werden auch in Oliver Hirschbiegels Spielfilm »Der Untergang« (2004) die letzten Tage Hitlers und seiner verbliebenen Getreuen im Berliner Führerbunker geschildert.

Zweieinhalb Jahre lang, von November 1942 bis zum Zusammenbruch des »Dritten Reichs« Ende April 1945, war Junge Hitlers Sekretärin gewesen. Wie andere aus seinem Umkreis hatte sie völlig in seinem Bann gestanden. »Hitler strahlte eine Kraft aus«, so Junge, »der sich weder die Männer noch die Frauen ganz entziehen konnten.« Nur dann und wann war bei ihr der Verdacht aufgeschimmert, dass Hitler größenwahnsinnig sei.

Sie war mit ihrer jüngeren Schwester Inge in bescheidenen Verhältnissen bei ihren Großeltern in München aufgewachsen, zu denen ihre Mutter nach ihrer Scheidung zurückgekehrt war. Von Politik so

Nach der Trauung mit Hans Junge am 19. Juni 1943 in Begleitung der Trauzeugen Otto Günsche (li.) und Erich Kempka in München

gut wie unberührt, begeisterten sie die NS-Jugendverbände, vor allem die Organisation »Glaube und Schönheit« für 17- bis 21-jährige Frauen, weil dort auch tänzerische Gymnastik unterrichtet wurde. Denn Junge wollte Tänzerin werden. Um Geld zu verdienen, musste sie zwar als Sekretärin arbeiten, schaffte es aber, nebenbei eine Tanzausbildung zu absolvieren.

In Berlin vergeblich auf der Suche nach einem Engagement landete sie schließlich erneut als Sekretärin in einem Büro – in der Reichskanzlei. Als Hitler eine neue Privatsekretärin suchte, wurde sie unter zehn Kandidatinnen ausgewählt. »[...] ich war 22 Jahre alt, hatte von Politik keine Ahnung und fand es bloß außerordentlich schön und aufregend, eine solche besondere Stellung angeboten zu bekommen, kurzum sagte ich ›ja‹.« Mit drei Kolleginnen gehörte sie von da an nicht nur zu Hitlers engen Mitarbeiterinnen, sondern ebenso zum Kreis seines Gefolges, das er zu den Mahlzeiten und den nächtlichen Teestunden um sich versammelte, unter ihnen → Eva Braun, deren Schwester Gretl oder Leibfotograf Heinrich Hoffmann. Im ostpreußischen Führerhauptquartier Wolfsschanze und auf dem Berghof, Hitlers bayerischer Residenz, begegnete sie auch so gut wie allen Nazigrößen. Am 19. Juni 1943 heiratete sie den SS-Mann Hans Her-

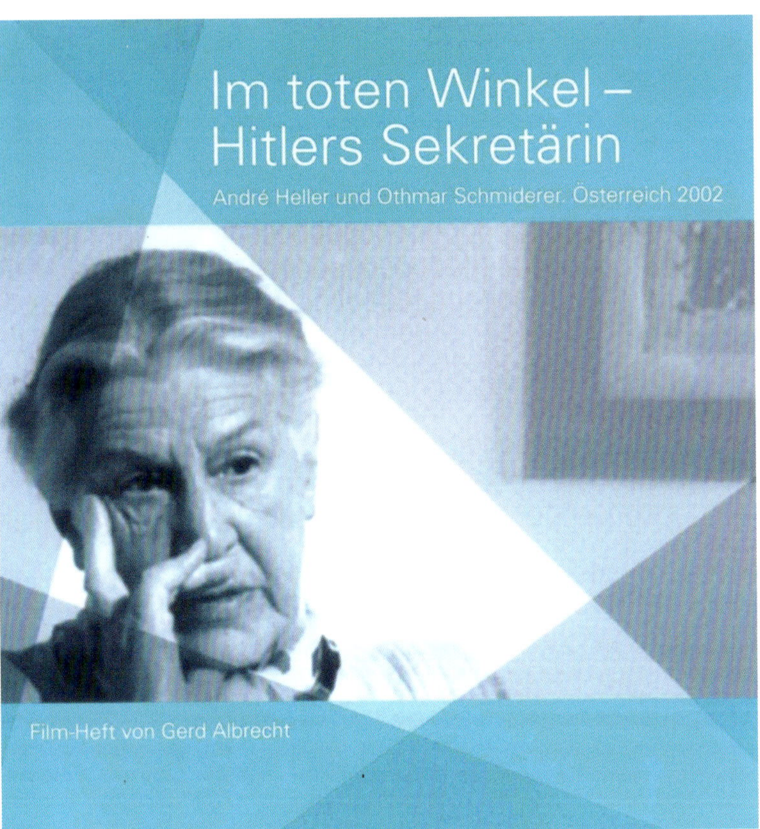

Traudl Junge überdachte rückblickend ihre Rolle in der NS-Diktatur und stellte sich in der Filmdokumentation kritischen Fragen.

mann Junge, der als Ordonanzoffizier und Hitlers persönlicher Diener eingesetzt war. Er kam bald darauf an die Front und fiel ein gutes Jahr nach der Hochzeit, am 18. August 1944, in der Normandie bei der Invasion der Alliierten.

Junges Erinnerungen geben heute einen Einblick in das abgeschirmte Alltagsleben Hitlers und seiner Entourage. Sie beschreibt die oberflächlichen Tischgespräche, bei denen über Hunde oder Essgewohnheiten geplaudert wurde und Politik kein Thema war – ein »toter Winkel«, eine von der Realität abgeschnittene Pseudoidylle, die vor dem Hintergrund von Weltkrieg und Holocaust mehr als beklemmend erscheint. Nur bei gelegentlichen München-Besuchen sah Junge die fortschreitenden Zerstörungen durch die Bombenangriffe und hörte von den zahlreichen gefallenen Soldaten.

Eine der letzten Aufnahmen
von Traudl Junge (2002)

Den Untergang des Nazireichs erlebte sie im Berliner Führerbunker. Hitler diktierte ihr hier sein politisches und privates Testament und »schenkte« ihr zum Abschied eine Zyankalikapsel, bevor er mit Eva Braun, die er kurz zuvor geheiratet hatte, Selbstmord beging. Erst als sie den tödlichen Pistolenschuss gehört hatte, floh Junge mit den verbliebenen Sekretärinnen, Personal und Offizieren aus dem Bunker durch das brennende Berlin.

Nach kurzer Haft durch die Alliierten und Einstufung als »jugendlicher Mitläufer« arbeitete sie in München wieder als Sekretärin, später auch als Journalistin und war eine gefragte Zeitzeugin, da sie die letzten Tage im Führerbunker und Hitlers Ende hautnah miterlebt hatte. Ihre eigene Vergangenheit verdrängte sie anfangs und kaum jemand fragte sie danach. »Unsere Gedanken und Gefühle und alle Aktivitäten waren auf die Zukunft gerichtet. Wir waren damit beschäftigt, Steinchen um Steinchen wieder ein normales Leben aufzubauen.« Erst Anfang der 1950er Jahre, so Junge, habe sie »zum ersten Mal Details darüber erfahren, was im Dritten Reich hinter den Kulissen geschehen ist. Und vor allem hinter den Fassaden jener Menschen, die ich als nett und kultiviert kennen gelernt hatte. Dr. Karl Brandt etwa, einer von Hitlers Begleitärzten, den ich für einen gebildeten und humanen Mann gehalten hatte und der 1948 wegen seiner Teilnahme an medizinischen Versuchen an KZ-Häftlingen und an der Euthanasie gehängt wurde. Ich war fassungslos.«

EVA KLEMPERER, geb. Schlemmer

Pianistin, Komponistin, Übersetzerin, Malerin

1882 Königsberg/Ostpreußen, heute Kaliningrad/Russland – 1951 Dresden

Stille Heldin im »Dritten Reich«: Eva Klemperer mit Ehemann Victor

In seinen berühmt gewordenen Tagebüchern, die 1995 unter dem Titel »Ich will Zeugnis ablegen bis zum Letzten – Tagebücher 1933–1945« als Buch erschienen, beschreibt der Dresdner Romanist Victor Klemperer ausführlich und hautnah seinen unerträglichen, von Angst und Schikanen geprägten Alltag als Jude in Nazideutschland. Gleichzeitig setzt er seiner Frau Eva Klemperer als stiller Heldin ein literarisches Denkmal. Dadurch, dass sie sich als »Arierin« nicht von ihm scheiden ließ, hatte sie ihn vor der Deportation ins KZ und damit vor dem sicheren Tod bewahrt.

Sie waren ein Paar, das nichts trennen konnte. Mit Anfang Zwanzig hatten sie sich in Berlin kennengelernt, wo Eva Schlemmer, die aus einer großbürgerlichen, aber verarmten Königsberger Familie stammte, eine Laufbahn als Pianistin begann und als Klavierlehrerin ihren Lebensunterhalt verdiente, während Victor Klemperer, Sohn eines Berliner Reformrabbiners, noch studierte. Wegen des Widerstands ihrer Familien – ihre Mutter akzeptierte keinen mittellosen Studenten, seine Eltern keine arme Pianistin – heirateten sie 1906 heimlich. Wie damals üblich, gab sie ihre eigenen beruflichen Pläne auf, um seine Karriere zu unterstützen. 1912 ging sie mit ihm nach München, wo er sein Romanistikstudium abschloss, und 1920 nach Dresden, als er eine Professur an der Technischen Universität erhielt. Hier widmete sie sich mit Engagement dem Bau ihres Wohnhäuschens und der Anlage des Gartens, wie es ihr Mann in seinen Tage-

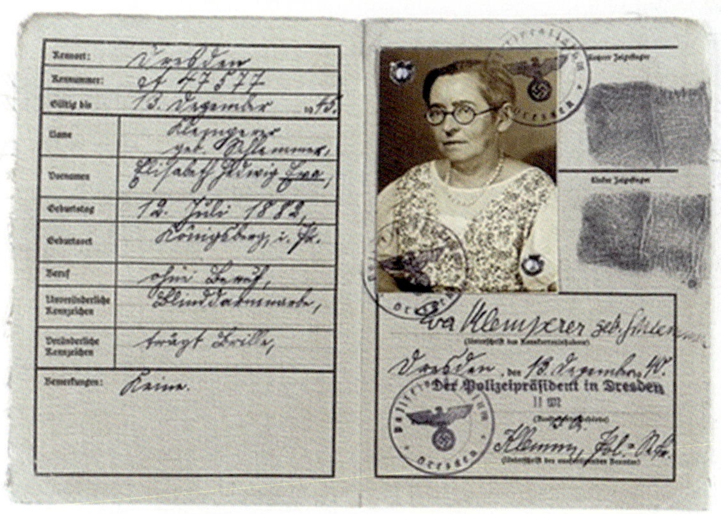
Kennort: Dresden
Kennummer: A 47577
Gültig bis 13. Dezember 1945
Name Klemperer geb. Schlemmer
Vornamen Elisabeth Hedwig Eva
Geburtstag 12. Juli 1882
Geburtsort Königsberg i. Pr.
Beruf ohne Beruf
Unveränderliche Kennzeichen Blinddarmnarbe
Veränderliche Kennzeichen trägt Brille
Bemerkungen: Keine.
Eva Klemperer geb. Schlemmer
Dresden, den 13. Dezember 1940
Der Polizeipräsident in Dresden
II W

Kennkarte für Eva Klemperer vom 13. Dezember 1940

buchaufzeichnungen nicht ohne liebevolle Ironie beschreibt. Gleichzeitig diskutierte sie seine Schriften mit ihm und redigierte seine Texte. Ab 1933 durchlitt sie mit ihm alle Demütigungen und Gefahren, denen er als Jude im »Dritten Reich« ausgesetzt war: Seine Entlassung als Professor, die Umsetzung in ein »Judenhaus« und die »Besuche« der Gestapo, vor der sie unter eigener Lebensgefahr seine Tagebücher in Verstecke brachte, seine qualvolle Zwangsarbeit und schließlich die Flucht nach Süddeutschland während der Bombardierung Dresdens am 13./14. Februar 1945.

In ihren sechs letzten Lebensjahren erfuhr sie Neuanfang und Rehabilitation nach Kriegsende: die Rückkehr in ihr Dresdner Haus, die Wiedereinsetzung ihres Manns als Universitätsprofessor und seine Bucherfolge – bei der schwierigen Materialsammlung hatte sie ihn in den zwölf leidvollen Jahren des Naziregimes unterstützt. Sie selbst übersetzte jetzt spanische und französische Literatur, wie die Novellen von Guy de Maupassant, ins Deutsche – die einzigen erhaltenen Arbeiten Eva Klemperers, die auch komponiert und Gemälde und Zeichnungen geschaffen hatte.

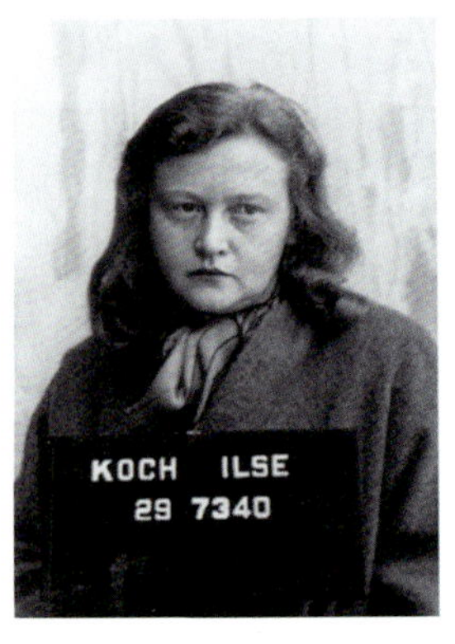

ILSE KOCH, geb. Köhler

Sekretärin, Frau des Lagerkommandanten des KZ Buchenwald Karl Otto Koch

1906 Dresden – 1967 Aichach

Als Angeklagte im Buchenwald-Prozess, 1947

Als »Hexe von Buchenwald« ist Ilse Koch bis heute der Inbegriff der sadistischen NS-Täterin. 1937, kurz nach ihrer Heirat, war ihr Mann, der neun Jahre ältere SS-Sturmbannführer Karl Koch, Leiter des KZ Buchenwald bei Weimar geworden, das sich schnell zum größten Konzentrationslager auf deutschem Boden entwickelte, in dem politische Gegner sowie rassisch oder religiös Verfolgte schlimmsten Haftbedingungen und Misshandlungen ausgesetzt waren. »Nichts hat mich je so erschüttert wie dieser Anblick«, sagte der damalige alliierte Oberbefehlshaber und spätere US-Präsident Dwight D. Eisenhower, als die US-Army das Konzentrationslager im April 1945 befreite.

Nicht anders als andere Lagerleiter hatte Karl Koch unter den Gefangenen eine Willkür- und Schreckensherrschaft geführt. Ilse Koch, eine von acht SS-Ehefrauen im Lager, hatte selbst keine Funktion im KZ, war aber dennoch als »Kommandeuse« gefürchtet. Nach späteren Zeugenaussagen ritt sie täglich durch die Reihen der Häftlinge, schlug sie mit der Reitgerte und führte sie für »schamlose Blicke«, die sie mit aufreizender Kleidung provoziert haben soll, brutalen Strafen zu. »Ihre Befehle«, stellte ein bundesdeutsches Gericht später fest, »wurden wie die des Kommandanten befolgt.« Währenddessen lebte sie luxuriös in der »Villa Buchenwald« nahe dem Lagergelände, Häftlinge dienten als Hauspersonal. Die Kochs bekamen zwei Kinder, Artwin und Gisela, die Ehe war jedoch nicht gut. Frau Koch hatte verschiedene Liebhaber, unter ihnen der Lagerarzt Waldemar Hoven.

1943 wurden Ilse und Karl Koch, der inzwischen im KZ Majdanek in Lublin (Polen) »tätig« war, plötzlich verhaftet. Allerdings nicht wegen ihrer Greueltaten, sondern wegen Unterschlagung. Sie hatten Geld und Wertsachen Gefangener veruntreut und mit der Lagerver-

Ilse Koch mit ihrer Familie in der »Villa Buchenwald«

pflegung Schwarzhandel betrieben. Während Ilse Koch aus Mangel an Beweisen freigesprochen wurde, wurde ihr Mann kurz vor Kriegsende in Buchenwald hingerichtet.

1947 war sie die einzige Frau im spektakulären Buchenwald-Prozess des US-Militärtribunals. 1500 Zeugen sagten aus. Es gab Anschuldigungen ungeheuerlichster Art, darunter der Vorwurf, sie habe sich Lampenschirme, Handschuhe und Bucheinbände aus tätowierter Haut von KZ-Insassen anfertigen lassen – ein Teil der Anklage, der schließlich gestrichen werden musste. Es war ihr nichts nachzuweisen. Im siebten Monat schwanger wurde Koch zu lebenslanger Haft verurteilt, nach vier Jahren jedoch entlassen, da man auf Widersprüche in den Zeugenaussagen gestoßen war. In einem neuen, diesmal deutschen Prozess erhielt sie wegen Misshandlung Gefangener und Anstiftung zum Mord wiederum lebenslänglich. 1967 erhängte sie sich in ihrer Zelle.

TRAUTE LAFRENZ-PAGE

Ärztin, NS-Widerstandskämpferin

geb. 1919 Hamburg

Traute Lafrenz: Studentin und Widerstandskämpferin

Während → Sophie Scholl weltberühmt wurde, gehört Traute Lafrenz zu den unbekannteren Widerstandskämpferinnen aus dem Kreis der »Weißen Rose«, jener kleinen Gruppe Studierender, die mit Anti-Nazi-Flugschriften versuchten, die Bevölkerung gegen die Hitlerdiktatur aufzurütteln.

»Obwohl ich nicht älter als 14 war, als Hitler an die Macht kam, nahmen meine Klassenkameraden und ich schnell die Brutalität des neuen Regimes wahr. Unsere Lieblingslehrer wurden gezwungen, die Schule zu verlassen.« Ihre Eltern schickten sie daraufhin an die liberale Hamburger Lichtwarkschule, die, neben dem späteren Bundeskanzler Helmut Schmidt und seiner Frau Loki, auch Gretha Rothe und Heinz Kucharski besuchten, die mit Lafrenz zur Hamburger »Weißen Rose« gezählt werden. Ihre dortige Lehrerin Erna Stahl ermutigte sie weiter zu selbstständigem Denken. »Ihr Unterricht, so Lafrenz, »war ein Geschenk für das ganze Leben.«

1939 begann sie ein Medizinstudium. Alexander Schmorell, der damals mit ihr in Hamburg studierte, vermittelte ihr den Kontakt zu Christoph Probst, Willi Graf sowie den Geschwistern Scholl, als Lafrenz 1941 nach München wechselte. Sie beteiligte sich an den Lese- und Diskussionsabenden, Ausflügen und Wanderungen der Gruppe. Mit Hans Scholl verband sie eine kurze Liebe.

Wie Sophie Scholl besorgte auch Lafrenz Papier und Briefmarken für Flugblätter, war aber an ihrer Abfassung und Herstellung nicht beteiligt. Nach der Verhaftung der Scholls beim Auslegen von Flugblättern im Lichthof der Münchner Universität am 18. Februar 1943 entfernte sie belastendes Material aus deren Wohnung und warnte die anderen.

Ungefähr einen Monat später wurde auch Lafrenz festgenommen, erhielt allerdings nur ein Jahr Gefängnis. Roland Freisler, Präsident

Seit 1941 studierte Lafrenz an der Münchner Universität. Im Bild das Hauptgebäude, das durch die Flugblattaktion ihrer Freunde Sophie und Hans Scholl berühmt wurde.

des NS-Volksgerichtshofs, zählte sie zu den »dummen Mädels«, »durch die die Sicherheit des Reiches nicht ernstlich gefährdet ist.« Dass sie Papier für die Flugblätter beschafft hatte, hatte man nicht in Erfahrung gebracht. Sie selbst gab lediglich zu, ein Flugblatt erhalten und sofort verbrannt zu haben, statt es laut Vorschrift zur Anzeige zu bringen. In Wahrheit hatte sie es mit nach Hamburg genommen und dort weitergereicht. Nach ihrer Freilassung Ende März 1944 wurde sie erneut verhaftet. Kucharski hatte auf Druck der Gestapo ein Geständnis abgelegt – auch über das Flugblatt, das er von ihr erhalten hatte. Zur Gerichtsverhandlung und weiteren Verurteilung kam es nur durch das Kriegsende nicht mehr.

1947 ging Lafrenz als Ärztin in die USA und heiratete dort ihren Berufskollegen Vernon Page. Ihre vier Kinder wussten lange nichts über ihre Widerstandstätigkeit in NS-Deutschland. Als Heldin hatte sie sich nie gesehen.

ZARAH LEANDER

Schauspielerin, Sängerin

1907 Karlstad – 1981 Stockholm

Diva des »Dritten Reichs«:
Ufa-Porträtfoto zum Film »Heimat«, 1938

Wie keine andere verkörperte sie Glamour und Weiblichkeit, Wehmut und Liebessehnsucht. Dabei war sie eine Meisterin der Melodramatik, die tiefe Altstimme ihr Markenzeichen. Von einigen Fans bis heute verehrt, konnte sie das Image einer »Nazisirene« allerdings lebenslang nicht ganz ablegen, denn die Schwedin Sara Stina Hedberg, die weder eine Gesangs- noch Schauspielausbildung besaß und an der Stockholmer Schauspielschule einst als untalentiert abgelehnt worden war, hatte als Zarah Leander zu den beliebtesten und bestbezahlten Filmstars des »Dritten Reichs« gehört.

Anfangs war sie in Revuen, Lustspielen und Operetten aufgetreten, darunter in Franz Léhars »Die lustige Witwe«, für die ihr Gesangspart um zwei Oktaven tiefer transponiert werden musste. Die Rolle der Hollywooddiva »Gloria Mills« in Ralph Benatzkys Operette »Axel an der Himmelstür«, die am ersten September 1936 in Wien im Theater an der Wien aufgeführt wurde, machte sie endlich bekannt.

Obwohl Leander mit ihrer außergewöhnlich tiefen Stimme, ihren rotbraunen Haaren und grünen Augen ganz und gar nicht dem nationalsozialistischen Frauenideal entsprach, wurde sie im gleichen Jahr von den Potsdamer Studios der Ufa unter Vertrag genommen. Deutschland suchte neue, vielversprechende Talente, um in der internationalen Filmbranche mithalten zu können. Joseph Goebbels, als Propagandaminister auch NS-Kultur- und Filmchef, hatte das ehrgeizige Ziel aus der Ufa ein zweites Hollywood zu machen. Von der »Ausländerin« Leander war er anfangs allerdings wenig begeistert und konnte sie auch privat »nicht ausstehen«, wie seine Geliebte, die tschechische Schauspielerin → Lidá Baarová, in ihren Memoiren berichtet. Das änderte sich, als er sah, dass Leanders Filme sich zu Publikumsmagneten und ihre Schallplatten zu Verkaufserfolgen entwickelten. Mit allen Mitteln wurde sie zum Star aufgebaut. Bis 1943

Mit Willy Birgel im Film »Zu neuen Ufern« (1937) – eine Kinoschnulze von Detlef Sierck, der später als Hollywood-Regisseur Douglas Sirk bekannt wurde

entstanden zehn Ufa-Filme, überwiegend Melodramen: »Zu neuen Ufern« und »La Habanera« (1937), beide unter der Regie von Detlef Sierck, der später als Douglas Sirk in Hollywood Karriere machte, sowie »Es war eine rauschende Ballnacht«, »Die große Liebe« oder »Der Weg ins Freie«. Die Filme hatten auch in Schweden Erfolg.

Ihre Filmsongs, darunter noch heute bekannte Evergreens wie »Kann denn Liebe Sünde sein?«, »Der Wind hat mir ein Lied erzählt«, »Davon geht die Welt nicht unter« und »Ich weiß, es wird einmal ein Wunder geschehen«, waren Schlagerhits der Nazizeit, wenngleich aus den Texten von Bruno Balz, einem im NS-Staat verfolgten und mehrfach verhafteten Homosexuellen, eine leise, ironische Kritik am Regime herausgelesen werden kann.

Leander ließ sich als Gegenleistung für ihren Erfolg willfährig von der NS-Propaganda vereinnahmen. Über Goebbels, einen der bösartigsten Nazis überhaupt, sagte sie später reichlich zynisch: »[...] ein hochinteressanter Mann und er hatte viel Humor und viel Verständnis [...] was er sonst gemacht hat, ist nicht meine Sache.« Sein Angebot, die deutsche Staatsbürgerschaft anzunehmen, lehnte sie jedoch ab. Sie trat auch der Reichsfilmkammer und der NSDAP nicht bei. Hitler verweigerte ihr daraufhin den Titel einer »Staatsschauspielerin«.

Das Kino war für Goebbels ein wichtiges Propagandamittel. Zarah Leander war eine der Schauspielerinnen, die gezielt zum Star aufgebaut wurden und den Ufa-Filmen Glamour verliehen.

1943 zog sie sich überstürzt nach Schweden zurück, vielleicht, weil der Krieg inzwischen auch in Deutschland zu spüren war. Ihre Berliner Villa war im Frühjahr von einer Brandbombe getroffen worden. Da ihr Vertrag mit der Ufa noch lief, ließ sie sich zwar regelmäßig Drehbücher zuschicken, lehnte jedoch alle ab. In deutschen Zeitungen hieß es jetzt: »Zarah Leander Freund der Juden« und »Die deutsche Frau kann wieder Atem holen, wir sind vor neuen Filmen bewahrt.« In Schweden wiederum wurde sie als »Propagandadiva von Herrn Goebbels« kritisiert, eine Fortsetzung ihrer Karriere gelang ihr nicht.

Leander hatte auch Angebote aus Hollywood gehabt. Was hatte sie dennoch so lange in NS-Deutschland gehalten? Es heißt, sie habe wenigstens in der Nähe ihres Heimatlands leben wollen. Auf Kosten der Berliner Ufa war sie alle zwei Wochen nach Schweden geflogen. Von ihren Tantiemen, die ihr zur Hälfte in Schwedenkronen ausgezahlt wurden, hatte sie dort das Gut Lönö erworben, auf dem Ehemann Nummer Zwei, der Journalist Vidar Forsell, sowie Boel und Göran, ihre beiden Kinder aus der ersten, geschiedenen Ehe mit dem Schauspieler Nils Leander, lebten.

Erst in den 1950er Jahren gelang ihr ein Comeback als Film- und Musical-Star, zunächst in Schweden und später auch in Deutschland. Große Erfolge feierte sie als Sängerin während zahlreicher Tourneen, auf dem Klavier begleitet von ihrem dritten Ehemann, dem schwedischen Musiker Arne Hülphers – bis sie 1978 bei einer Aufführung des Musicals »Lächeln einer Sommernacht« in Stockholm einen Schlaganfall erlitt, der ihre mehr als fünfzigjährige Bühnenlaufbahn beendete.

Mit ihrer tiefen Stimme und glamourösen Erscheinung ist sie bis heute, besonders in Homosexuellenkreisen, eine Kultfigur. Nach ihrer Zeit als ehemalige Galionsfigur des NS-Regimes gefragt, bezeichnete sie sich als »politische Idiotin«, die nur Liebesfilme gedreht habe. Ihr ehemaliger, aus Deutschland in die USA emigrierter Regisseur Douglas Sirk sagte treffend: »Sie war weder Nazi, noch Nichtnazi, sie wollte Karriere machen.«

MARIA GRÄFIN VON MALTZAN

Tierärztin, NS-Widerstandskämpferin

1909 Militsch/Schlesien (heute Milicz/Polen) – 1997 Berlin

Gräfin von Maltzan, 1939

»Schlage die Trommel und fürchte dich nicht.« Der Titel ihrer 1986 veröffentlichten Erinnerungen war zugleich die Lebensdevise von Maria Gräfin von Maltzan. Mit unvergleichlichem Mut hatte sie jahrelang Verfolgten zur Flucht aus Nazideutschland geholfen. Mehr als sechzig Menschen soll sie gerettet haben. Der Spielfilm »Versteckt« (1984) mit Jacqueline Bisset und Jürgen Prochnow in den Hauptrollen basiert auf ihren Erlebnissen.

Von Maltzan war von Anfang an eine entschiedene Nazigegnerin. Im Gegensatz zu den meisten Deutschen hatte sie Hitlers politisches Manifest »Mein Kampf«, wie sie sagte, »sehr genau« gelesen. »Dieses ganze Buch entsetzte mich von A bis Z« und ließ ihr »keinen Zweifel an Hitlers Zielen und weiterem Weg«. In ihre Widerstandstätigkeit sei sie dann »irgendwie hineingeraten«, berichtete sie später. »Sie war sehr temperamentvoll, machte Judo, schwamm und ritt wie ein Mann. Wenn es nötig war, konnte sie auch mit einer Pistole umgehen«, so Erik Myrgren, Pfarrer der schwedischen Kirchengemeinde in Berlin, an deren Rettungsaktionen sie beteiligt war. Sie arbeitete mit verschiedenen Helferorganisationen zusammen, gehörte jedoch nie fest zu einem Widerstandskreis.

Komtess Maria Helene Françoise Izabel von Maltzan Freiin zu Wartenberg und Penzlin war als jüngstes von sieben Kindern mit allen damaligen Privilegien einer vermögenden Adelsfamilie aufgewachsen: eine Kindheit auf Schloss Militsch im damals preußischen Schlesien, mit 48.000 Morgen großem Landbesitz, Gütern und Wäldern, Karpfenteichen und einem Gestüt – was wahrscheinlich ihre lebenslange Natur- und Tierliebe prägte. Zugleich lernte sie, sich in der großen Welt zu bewegen, denn ihr Elternhaus »war ein internationales Haus«.

Schloss Militsch – ihr schlesisches Elternhaus

Maltzan war ein »sehr lebhaftes« und »kein sehr braves Kind«, wie sie in ihren Erinnerungen schreibt. Gegen ihre Mutter, eine geborene Gräfin von der Schulenburg, setzte sie durch, dass sie Abitur machen durfte. Ihr geliebter Vater war bereits gestorben, als sie zwölf war. Sie studierte Zoologie, Botanik und Anthropologie in Breslau und München, wo sie bereits Kontakt zum katholischen Widerstand um den Jesuitenpater Friedrich Muckermann hatte, für den sie verschlüsselte Nachrichten ins Ausland schmuggelte.

1936 ging sie eine kurze Ehe mit dem Kabarettisten Walter Hillbring ein, mit dem sie nach Berlin zog, weil ihnen München zu »braun« geworden war. Hier unterstützte Maltzan, die inzwischen Tiermedizin studierte, den Orientalisten Philipp Schaeffer, einen kommunistischen Widerstandskämpfer, für den sie Flugblätter weitergab. Bewundernswert ist ihr selbstloser Einsatz in gewagten Rettungsaktionen, bei denen sie mehrfach in Lebensgefahr geriet, darunter die Aktion »Schwedenmöbel«, bei der zwanzig NS-Verfolgte in Möbelkisten versteckt nach Schweden gebracht werden sollten. Nachdem von Maltzan die Flüchtlinge durch einen Wald zum Treffpunkt gebracht hatte, begegnete sie auf dem Rückweg SS-Leuten mit Hunden und Suchscheinwerfern, denen sie nur entkam, indem sie sich einen

Tag und zwei Nächte lang auf einem Baum versteckte. Ein anderes Mal durchschwamm sie mit einer Jüdin den Bodensee, um sie an das Schweizer Ufer zu bringen, und geriet bei der Rückkehr in die Scheinwerferkegel der Grenzpatrouillen. Nur große Strecken tauchend, schaffte es Maltzan unbemerkt wieder an die deutsche Seite zu gelangen.

In ihrer Berliner Wohnung versteckte sie untergetauchte Juden, die auf gefälschte Papiere warteten. Unter ihnen war auch ihr späterer Ehemann, der Schriftsteller Hans Hirschel, von dem sie 1941 ein Kind bekam, das kurz nach der Geburt starb, als bei einem Bombenangriff der Strom für den Brutkasten ausfiel.

Um Hirschels Spur zu verwischen, hatte sie ihn einen »Selbstmordbrief« an seine Mutter schreiben lassen. Bei den Hausdurchsuchungen der Gestapo, die Maltzan bereits seit 1933 observierte und mehrfach verhört hatte, musste er sich stets in einem Sofa verstecken. »Zum Schluß«, beschrieb Maltzan rückblickend eine der Razzien, »saßen wir auf der Couch, in der Hans Hirschel die ganze Zeit lag.«

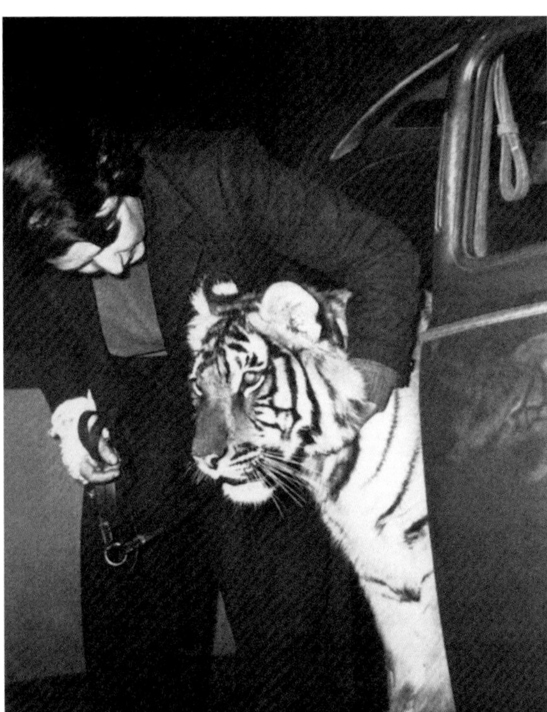

Mit Tigerin India, die sie für die Dompteuse Micaela Busch großzog.

Ihre Lebenserinnerungen zeichnen das Bild einer Frau, die sich dem NS-System von Anfang an widersetzte und couragiert Verfolgten zur Flucht aus NS-Deutschland verhalf.

Als die Gestapo-Beamten die Polster aufreißen wollten, verlangte sie unverfroren, ihr den Bezugsstoff zu ersetzen, der im Krieg kaum noch zu beschaffen war. Die Gestapo ließ die Couch daraufhin unberührt.

Auch nach 1945 blieb Maltzans Leben unruhig. Zwar konnte sie Hirschel jetzt heiraten, die Ehe aber scheiterte nach kurzer Zeit. 1972, drei Jahre vor seinem Tod, heirateten sie ein zweites Mal. Ihre nach Kriegsende eröffnete Veterinärpraxis musste sie wegen langwieriger Entziehungskuren schließen, denn unter dem ständigen nervlichen Druck während der NS-Zeit hatte sie jahrelang Psychopharmaka genommen. Nach ihrer Genesung zog sie mit einem Zirkus umher und arbeitete als Urlaubsvertretung in verschiedenen Tierarztpraxen in Deutschland und in der Schweiz. Mit Mitte Sechzig eröffnete sie nochmals eine Praxis, dieses Mal in Berlin-Kreuzberg,
wo sie besonders unter Punks beliebt war, deren Tiere sie kostenlos behandelte. »Ich habe mich keine Minute gelangweilt.« Mit diesem lakonischen Satz beendete die außergewöhnliche Gräfin, ein seltenes Vorbild an Courage und Tatkraft im Widerstand gegen das NS-Regime, ihre Autobiografie.

MAIMI BARONESSE VON MIRBACH

Cellistin, Musiklehrerin, NS-Widerstandskämpferin

1899 Antwerpen – 1984 Berlin

1982 geehrt als »Gerechte unter den Völkern«

Wenngleich sie weit weniger bekannt ist, gehörte Maria Celina Gabrielle Antoinette Baronesse von Mirbach, genannt Maimi, neben → Hannah Gräfin von Bredow oder → Maria Gräfin von Maltzan zu den unerschrockenen NS-Oppositionellen und Widerstandskämpferinnen aus Adelskreisen.

Wohlbehütet war sie im Kreis ihrer vermögenden, musisch interessierten Familie in Antwerpen aufgewachsen, bis die Mirbachs Belgien zu Beginn des Ersten Weltkriegs verlassen mussten und die preußische Garnisonsstadt Potsdam, in der ihr Onkel Ernst Freiherr von Mirbach als Oberhofmeister der deutschen Kaiserin Auguste Victoria lebte, ihre neue Heimat wurde.

Ungeachtet ihrer privilegierten Herkunft war Maimi von Mirbach, die später Cello studierte, eine zupackende, bodenständige Persönlichkeit, die sich den Härten des Lebens mit »moralischem Mut, Selbstlosigkeit und Wahrheitstreue« stellte, wie ein langjähriger Freund ihr später bescheinigte. 1937 nahm sie die drei Kinder ihrer tödlich verunglückten Schwester bei sich auf und sorgte für sie, ohne die Bedrängnis anderer aus den Augen zu verlieren. Von Anfang an eine erbitterte Gegnerin der nationalsozialistischen Gewaltherrschaft, die schon früh vor den antisemitischen Ausschreitungen der Nazis gewarnt hatte, half Mirbach selbstlos vielen verfolgten Juden. Sie unterstützte sie finanziell, schmuggelte Wertsachen für sie ins Ausland, schickte Lebensmittelpakete ins KZ Theresienstadt und versteckte unter großer persönlicher Gefahr Verfolgte bei sich zu Hause,

Die Potsdamer Villa von Baronesse von Mirbach. Unter großer persönlicher Gefahr versteckte sie hier Verfolgte des NS-Regimes.

unter ihnen die »halbjüdische« Pianistin Gisela Brendel, die so die Nazizeit überlebte. Dem jüdischen Richter Fritz Hirschfeld, mit dem sie in einem Streichquartett musiziert hatte, ermöglichte von Mirbach die Flucht aus Deutschland, indem sie ihm sein Potsdamer Haus abkaufte. Anders hätte er die hohe Reichsfluchtsteuer, die das NS-Regime Juden vor ihrer Emigration abpresste, nicht aufbringen können. Hirschfeld wurde allerdings später aus den Niederlanden nach Auschwitz verschleppt, wo sich seine Spur verliert. Ein ähnliches Schicksal hatte Mirbachs Verlobter, der Jurist Julius Lazarus, der ebenfalls aus den Niederlanden nach Auschwitz deportiert und dort ermordet wurde.

Da sie im sowjetisch besetzten Potsdam als Adlige unerwünscht war, zog sie in der Nachkriegszeit nach Westberlin, wo sie unbeachtet und in bescheidenen Verhältnissen als Musiklehrerin lebte. Während Israel sie zwei Jahre vor ihrem Tod als »Gerechte unter den Völkern« auszeichnete, wurde ihr mutiges Handeln während des »Dritten Reichs« in der BRD kaum gewürdigt.

UNITY VALKYRIE MITFORD

britische Faschistin, Hitlers »Begleiterin«

1914 London – 1948 Oban (Schottland)

1932 mit drei ihrer Schwestern in England (von links oben: Unity, Jessica, Nancy und Diana)

It-Girl der Nazis, Hitlergroupie, britische Spionin oder nur eine snobistische junge Frau, die Hitler »süß« fand – wer war Unity Valkyrie Mitford? Im München der 1930er Jahre tauchte sie als exzentrische Erscheinung auf – nicht nur jung und attraktiv, sondern auch elegant und, im Gegensatz zum deutschen »Mädel«, auffallend geschminkt. Sie liebte provozierende Auftritte mit einer zahmen Ratte oder einer lebendigen Ringelnatter als Armschmuck.

Mitford, väterlicherseits verwandt mit Clementine Churchill, der Ehefrau des britischen Premierministers, stammte aus einer englischen Aristokratenfamilie mit einem Bruder und fünf Schwestern: den exzentrischen Mitford-Sisters. Politisch ging ein eklatanter Riss durch die Familie. Während sich ihre Schwester Jessica dem Kommunismus zuwandte, waren Unity und die vier Jahre ältere Diana ausgemachte Faschistinnen. Beide gehörten der »British Union of Fascists« an. Diana heiratete später Oswald Mosley, den Politiker und Gründer der Partei.

Sie war es auch, die Unity, die ursprünglich plante nach Frankreich zu gehen, 1933 zu einem Besuch in Deutschland überredete. Diese war daraufhin vom »Dritten Reich« so begeistert, dass sie gegenüber ihren Eltern durchsetzte, eine Zeitlang in München bleiben zu dürfen, um Deutschunterricht zu nehmen. In Wahrheit wollte sie in erster Linie Hitler kennenlernen, wofür sie allerdings ein gutes Deutsch benötigte, da er keine Fremdsprachen beherrschte.

»Hitler's British Girl« im Gespräch mit SS-Mann Fritz Stadelmann vor dem Braunen Haus in München, 1937

Seine Bekanntschaft machte sie erst 1935. Monatelang hatte sie fast täglich in der »Osteria Bavaria«, Hitlers Münchner Lieblingslokal, gesessen, bis er sie eines Tages an seinen Tisch bitten ließ. Sie vergötterte ihn, stellte ein Hitlerbild auf ihren Nachttisch und dekorierte die Rückwand ihres Betts mit einer Hakenkreuzflagge. Umgekehrt war auch der »Führer« von Miss Mitford begeistert – eine englische Gleichgesinnte, die mit ihm darin übereinstimmte, dass die »Herrenvölker« Deutschland und Großbritannien sich miteinander verbünden müssten. Außerdem war sie ein »jew-hater«. Bei einer Veranstaltung der Hitlerjugend auf dem fränkischen Hesselberg mit NS-Gauleiter Julius Streicher hielt Mitford eine antisemitische Hassrede. Im Juli 1935 veröffentlichte sie im nationalsozialistischen Hetzblatt »Der Stürmer« den »Brief einer Engländerin«, in dem sie der Zeitung ihre Bewunderung ausdrückt und als »englische Faschistin« fordert: »England für Engländer! Die Juden hinaus!«

Zum Leidwesen seiner Geliebten → Eva Braun, die vor der Öffentlichkeit ferngehalten wurde, war Mitford von da an oft in Hitlers Begleitung zu sehen, ob beim NSDAP-Parteitag in Nürnberg, zur

Unity Mitford war oft an der Seite Hitlers zu sehen und kam so auch in Kontakt zu anderen Nazigrößen. Das Bild zeigt sie im bayerischen Trachtenkleid mit NS-Gauleiter Julius Streicher, links neben ihr stehend, im Juni 1938.

pompösen Hochzeit von Hermann und → Emmy Göring in Berlin oder bei den Richard-Wagner-Festspielen in Bayreuth, einem Kulturevent, zu dem internationale Gäste ebenso wie hochrangige Nazis kamen. Schon Mitfords Großvater Lord Bertie Redesdale, dem sie ihren ungewöhnlichen zweiten Vornamen Valkyrie (nach Wagners Oper »Die Walküre«) verdankte, war ein großer Fan des Komponisten gewesen.

Gerüchte blieben nicht aus. Es wurde ein Liebesverhältnis zwischen Mitford und Hitler vermutet und sogar behauptet, sie habe in England ein Kind von ihm zur Welt gebracht, das zur Adoption freigegeben wurde. In Hitlers näherem Umkreis war sie unbeliebt. Sie galt als machtbewusst und bösartig und wurde als Spionin verdächtigt.

Am 3. September 1939, dem Tag, als Großbritannien nach Hitlers Überfall auf Polen NS-Deutschland den Krieg erklärte, wurde Mitford in München nahe dem Englischen Garten bewusstlos, aber noch lebend mit einer Kugel im Kopf aufgefunden. Es wurde von einem Selbstmordversuch ausgegangen, sie selbst behauptete gegenüber ihrer Schwester Jessica später jedoch, jemand habe auf sie geschossen. Der wirkliche Hergang ist bis heute nicht geklärt.

Mitford wurde unter großer Medienaufmerksamkeit zu ihrer Familie nach England zurückgebracht. Zunächst halbseitig gelähmt, erholte sie sich zwar körperlich gut, blieb aber psychisch labil und wohl auch geistig beeinträchtigt. Sie starb neun Jahre später, als die noch im Kopf steckende Kugel zu wandern begann. Eine operative Entfernung war als zu riskant erschienen.

Viele Briten hatten nach Mitfords Rückkehr vergeblich ihre Verhaftung gefordert, denn nach der Einschätzung des britischen Geheimdiensts war sie »mehr Nazi als die Nazis selbst«. Familienangehörige hingegen behaupteten, sie hätte keine Ahnung von Politik gehabt, »die ganze Nazi-Sache« sei für sie nur »ein riesengroßer Spaß« gewesen, so ihre älteste, in Großbritannien als Schriftstellerin bekannte Schwester Nancy. Ihre Biografin Michaela Karl allerdings hält sie durchaus für einen politischen Menschen und ist der Meinung, dass die »[...] Heilsversprechen des Faschismus, seine Betonung von Aktion und radikaler Veränderung und sein missionarisches Selbstverständnis eine Person wie Unity Mitford weitaus mehr ansprachen als Adolf Hitler als Mann. Unity bewunderte Hitler grenzenlos, weil er der Führer einer Bewegung war, der sie sich mit Haut und Haaren verschrieben hatte.«

Als bizarre Figur geistert »Hitler's British Girl« bis heute durch die Literatur. Sie wird u. a. in Truman Capotes Roman »Frühstück bei Tiffany« erwähnt und soll Joanne K. Rowling zur Figur der fiesen Hexe »Bellatrix Lestrange« in den Harry-Potter-Büchern inspiriert haben.

FREYA VON MOLTKE, geb. Deichmann

Juristin, Ehefrau des NS-Widerstandskämpfers Helmuth James Graf von Moltke

1911 Köln – 2010 in Norwich, Vermont/USA

Auf Gut Kreisau, 1932

Im Sommer 1929 lernte die Kölner Bankierstochter Freya Deichmann Helmuth James Graf von Moltke kennen – vier Jahre älter als sie, Nachfahre des berühmten Generalfeldmarschalls Helmuth Graf von Moltke, Jurist, Landadliger mit christlich-humanistischen Ansichten, intellektuell und politisch interessiert. Nach ihrer Hochzeit im Oktober 1931 lag eine unbeschwerte Zukunft vor ihr, bis die Nazidiktatur und die Widerstandsaktivitäten ihres Manns ihr Leben zu bestimmen begannen und sie eine Figur deutscher Geschichte wurde.

Auf dem Gut der Familie von Moltke im schlesischen Dorf Kreisau, das später namensgebend für den NS-oppositionellen »Kreisauer Kreis« wurde, fand sie, schon allein durch die vielen internationalen Englischschüler ihrer aus Südafrika stammenden Schwiegermutter Dorothy, eine weltoffene Atmosphäre. Und Freya liebte das Landleben: »Das Wachsen, Blühen, zur-Ernte-Kommen zu beobachten! Jahrein, jahraus, mit Helmuth allein stundenlang ›über die Felder‹ zu gehen, das sind die glücklichsten Erinnerungen meines Kreisauer Lebens.«

Später übernahm Freya von Moltke, die zwar Jura studiert hatte, jedoch nicht in ihrem Beruf arbeitete, die Aufsicht über das mit 486 Hektar Land und etwa 60 Beschäftigten zwar große, aber stark verschuldete Gut und kümmerte sich um »die Kontrolle der Finanzen, der Fruchtplanung, aber auch die laufende Verfolgung der Arbeitsvorgänge und der Erträge.« »Selbständige Entscheidungen« habe sie allerdings im Gutsbetrieb nie getroffen: »Dazu fehlten mir die Ausbil-

Treffpunkt von NS-Oppositionellen: Das Gut der Familie von Moltke in Kreisau (heute Krzyzowa/Polen)

dung und Erfahrung.« Ihr Mann hielt sich oft in Berlin auf, wo er als Rechtsanwalt und Sachverständiger für Kriegs- und Völkerrecht im Amt Ausland/Abwehr des Oberkommandos der Wehrmacht tätig war, eine Position, die er nutzte, um Verfolgten zu helfen. Häufig kam er hier auch mit einer Gruppe von NS-Gegnern zusammen, die zwar keine Pläne für einen Staatsstreich entwickelten – den erwarteten sie von Wehrmachtsoffizieren –, aber über Konzepte für eine demokratische Zukunft Deutschlands nach dem Ende der Hitlerdiktatur diskutierten, das als föderalistischer Staat mit einem christlich geprägten Menschenbild aufgebaut werden sollte.

Das vom Machtzentrum Berlin weit abgelegene Kreisauer Gut war zwar ein geeigneterer Treffpunkt für Regimegegner, aber Moltke und seine Verbündeten trafen sich hier nur insgesamt drei Mal, an je einem Wochenende im Mai und Oktober 1942 und im Juni 1943. An den Zusammenkünften des »Kreisauer Kreises« nahmen die unterschiedlichsten Persönlichkeiten teil: die Sozialdemokraten Carlo Mierendorff, Julius Leber und Adolf Reichwein, die Jesuiten Augustin Rösch und Alfred Delp, der evangelische Pfarrer Harald Poelchau sowie die Juristen Adam von Trott zu Solz und Peter Yorck von Wartenburg, der zu den engsten Mitstreitern Helmuth von Moltkes gehörte.

Helmuth James Graf von Moltke vor dem NS-Volksgerichtshof, 1945

Die Treffen, getarnt als Einladungen zu einem entspannten Wochenende auf dem Land, wurden sorgfältig vorbereitet. Jeder Teilnehmer arbeitete zuvor ein Vortragsthema aus seinem Fachgebiet aus. Freya von Moltke war, wie die anderen Ehefrauen der Regimegegner, unter ihnen ihre Freundin Marion Yorck, bei den Gesprächen anwesend, hörte aber nur zu. Für ihren Mann war sie eine wichtige Gesprächspartnerin, teilte seine regimekritische Einstellung und unterstützte ihn, nachdem er am 19. Januar 1944 verhaftet wurde.

Helmuth von Moltke saß im KZ Ravensbrück und später im Gefängnis Berlin-Tegel, bis er ein Jahr später, am 23. Januar 1945, in der NS-Hinrichtungsstätte Berlin-Plötzensee wegen Hochverrat grausam an einem Fleischerhaken gehängt wurde. Neben seiner Hilfe für Verfolgte hatte man ihm eine Mitwisserschaft am gescheiterten Hitlerattentat vom 20. Juli 1944 angelastet, das er aus christlichen Gründen gar nicht befürwortet hatte. Freyas Gnadengesuch war abgelehnt worden. Der NS-Volksgerichtshof höhnte nur: »Vom Defätismus völlig zerfressen, dabei ein ungewöhnliches Charakterschwein. Niederdrückend nur, daß er Graf Helmuth von Moltke hieß.«

Freya von Moltke blieb mit den zwei kleinen Söhnen Helmuth Caspar und Konrad allein zurück. Kreisau musste sie bald verlassen, da es nach Kriegsende polnisches Staatsgut wurde. Zwischen 1947 und 1956 lebten sie mit ihren Kindern in Südafrika, der Heimat ihrer verstorbenen Schwiegermutter. Zunächst nach Deutschland zurückgekehrt, ging sie 1960 als Lebensgefährtin des 1933 aus Deutschland emigrierten Juristen, Historikers und Kulturphilosophen Eugen Rosenstock-Huessy (1888–1973), einem einstigen Lehrer Helmuth von Moltkes, nach Norwich in Vermont/USA.

Erst Jahrzehnte später begann sie, die mit ihrem Mann verbrachte Zeit aufzuarbeiten, den sie zwar nach nur vierzehnjähriger Ehe verloren, aber immer im Herzen behalten hatte. »Ich verlasse Dich nicht, denn meine Gefühle und alles, was lieben kann in mir, gehört ja Dir«, hatte sie ihm in einem ihrer ergreifenden Abschiedsbriefe geschrieben. Unter dem Titel »Briefe an Freya 1939–1945« erschienen seine Briefe an sie in Buchform. Es folgten »Helmuth James und Freya von Moltke: Abschiedsbriefe Gefängnis Tegel September 1944 – Januar 1945«, die sie einst in Bienenstöcken auf dem Kreisauer Gut versteckt hatte, und ihre »Erinnerungen an Kreisau 1930–1945«. Das einstige Familiengut wurde unter ihrer Mitarbeit als »Begegnungsstätte Stiftung Kreisau für europäische Verständigung« eingerichtet.

Freya von Moltke hielt die Erinnerung an ihren Mann und den Widerstand des »Kreisauer Kreis« lebendig. Das Bild zeigt sie 2007 im Gespräch mit Bundeskanzlerin Angela Merkel am Rande des Festaktes zum 100. Geburtstag von Helmuth James von Moltke.

CARMEN MORY

Gestapo-Agentin

1906 Bern – 1947 Hamburg

Der »Todesengel von Ravensbrück« bei der Urteilsverkündung am 3. Februar 1947 in Hamburg

Schon als Kind sei »ihr unermesslicher, unvorstellbarer Drang nach Geltung und Beachtung« aufgefallen, sagte eine frühere Mitschülerin rückblickend über die Schweizer Arzttochter Carmen Maria Mory. Später war sie berüchtigt als notorische Lügnerin und Diebin, sie bestahl sogar Freunde und Bekannte und hatte keinerlei Skrupel, sie jederzeit aus fadenscheinigen Gründen zu denunzieren. »Selbst die SS«, so eine Zeugin 1947 vor Gericht, »schien Angst vor ihr zu haben.« Dabei war Mory intelligent und gebildet, hatte längere Zeit in England und in Amsterdam verbracht und beherrschte sechs Sprachen.

Sie lebte seit Anfang der 1930er Jahre in München, wo sie in NS-Kreisen verkehrte, und ab Herbst 1932 mit ihrem Verlobten Fritz Erler in Berlin. Hier gab sie sich als politische Journalistin aus, schrieb u. a. für die Ullstein-Presse und den »Manchester Guardian«, »taucht mal hier, mal dort auf und hat überall Verbindungen«, wie »DER SPIEGEL« 1947 resümierte.

Mit dieser Tarnung agierte Mory als Gestapo-Informantin, beschattete die deutsche Emigrantenszene in der Schweiz und in Paris, wo sie auch Militärspionage betrieb, bis sie mit ihrem Verlobten 1938 von den Franzosen verhaftet und zum Tod verurteilt wurde. Während Erler hingerichtet wurde, wurde Mory zwei Jahre später begnadigt – unter der Auflage »sich weiterhin dem Nachrichtendienst zur Verfügung zu halten«. Das heißt, sie sollte Gegenspionage für Frankreich leisten. Bei der Okkupation Frankreichs bot sie sich erneut der Gestapo an, die ihr jedoch misstraute und sie in Berlin drei Wochen lang von Gestapo-Chef Reinhard Heydrich verhören ließ. Mit dem Befehl Deutschland nicht zu verlassen, kam sie schließlich frei, wurde jedoch nach einem Fluchtversuch am 26. Februar 1941 ins Frauenkonzentrationslager Ravensbrück gebracht, wo sie bald zum sogenannten Funktionshäftling »aufstieg« und, nach späteren Ermittlungen, »in

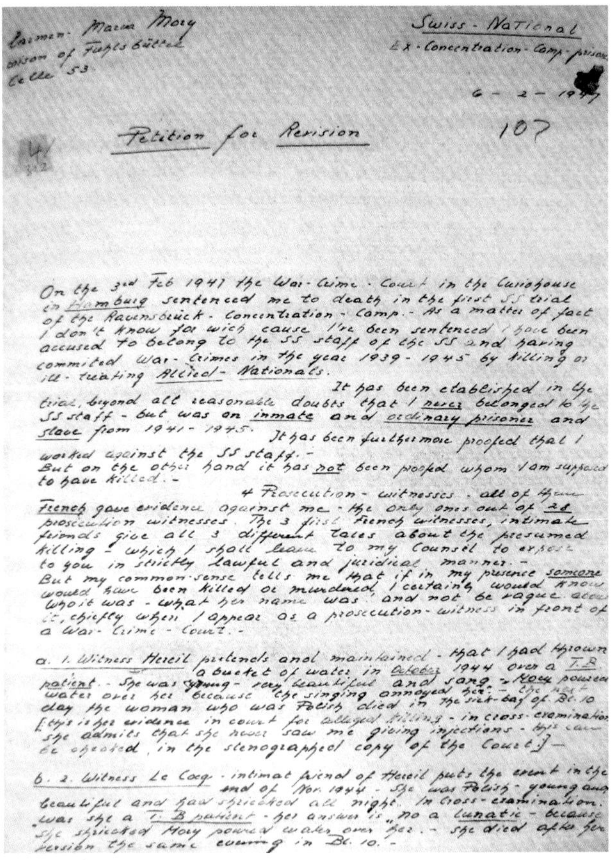

Prisoner: Maria Mory
Prison of Fuhlsbüttel
Celle 53

Swiss - National
Ex - Concentration - Camp - prisoner

6 - 2 - 1947

107

Petition for Revision

On the 3rd Feb 1947 the War - Crime - Court in the Curiohouse in Hamburg sentenced me to death in the first SS trial of the Ravensbrück - Concentration - Camp. - As a matter of fact I don't know for wich cause I've been sentenced I have been accused to belong to the SS staff of the SS and having commited War - Crimes in the year 1939 - 1945 by killing or ill - treating Allied - Nationals.

It has been etablished in the trial, beyond all reasonable doubts that I never belonged to the SS staff - but was an inmate and ordinary prisoner and slave from 1941 - 1945. It has been furthermore proofed that I worked against the SS staff. -
But on the other hand it has not been proofed whom I am supposed to have killed. -

4 Prosecution - witnesses - all of them French gave evidence against me - the only ones out of 28 prosecution witnesses. The 3 first French witnesses, intimate friends give all 3 different tales about the presumed killing - which I shall leave to my Counsel to expose to you in strictly lawful and juridical manner. -
But my common-sense tells me that if in my presence someone would have been killed or murdered, I certainly would know who it was - what her name was and not be vague about it, chiefly when I appear as a prosecution - witness in front of a War - Crime - Court. -

a. 1. Witness Hereil pretends and maintained - that I had thrown a bucket of water in October 1944 over a T.B. patient. - She was young - very beautiful and sang. - Mory poured water over her because the singing annoyed her. - the next day the woman who was Polish died in the sick-bay of Bl. 10 [this is her evidence in court for alleged killing - in cross - examination she admits that she never saw me giving injections - this can be checked, in the stenographed copy of the Court.] -

b. 2. Witness Le Coq - intimat friend of Hereil puts the event in the end of Nov. 1944 - She was Polish - young and beautiful and had shrieked all night. In cross - examination: was she a T. B patient - her answer is „no a lunatic - because she shrieked Mory poured water over her. - she died after her version the same evening in Bl. 10. -

Morys Revisionsgesuch vom 6. Februar 1947

wenigstens 60 Fällen Lagerinsassen durch eigenhändige Vornahme unmittelbar tödlich wirkender Injektionen umgebracht« sowie Selektionen für die Gaskammer durchgeführt haben soll.

In der Nachkriegszeit spürte sie für die Briten NS-Täter auf, unter ihnen den ehemaligen Ravensbrücker Lagerarzt Fritz Fischer, der an den inhaftierten Frauen medizinische Experimente durchgeführt hatte. Als »Amtsperson« »beschlagnahmte« sie nebenbei auch Luxusgegenstände, bis ihre Vergangenheit als Gestapo-Spitzel aufgedeckt wurde. Gemeinsam mit sechzehn Männern und Frauen – Ärzten, KZ-Personal und Funktionshäftlingen – stand sie 1947 im ersten Hamburger Ravensbrück-Prozess vor Gericht. Nach ihrem Todesurteil und der Ablehnung ihres Gnadengesuchs nahm sie sich das Leben. Fritz Fischer wurde 1954 aus der Haft entlassen.

ELLY NEY
Pianistin

1882 Düsseldorf – 1968 Tutzing/Bayern

Elly Ney gilt als eine der bedeutenden Klaviervirtuosinnen des 20. Jahrhunderts. Zugleich besitzt sie ein denkbar schlechtes Image als »Hitlers Pianistin«, »abstoßende Figur der deutschen Musikgeschichte« (Michael Kater) oder »Exemplar eines ebenso dummen wie talentierten Künstlertums« (Wilhelm Hausenstein). Wie → Leni Riefenstahl oder → Winifred Wagner hatte sie ihre Prominenz immer wieder zur Unterstützung des NS-Regimes eingesetzt.

Ney war von Anfang an überzeugte Nationalsozialistin – aus reiner Begeisterung für die »neue Zeit«, denn aus Karrieregründen musste sie sich den Nazis nicht andienen. Einst ein musikalisches Wunderkind, hatte sie bereits 1904 ihre künstlerische Laufbahn begonnen und war vor allem als Beethoven-Interpretin international bekannt geworden, was ihr, auch wegen ihrer grauen Haarmähne, den Spottnamen »Witwe Beethoven« eintrug. Sie trat als Solistin auf, konzertierte aber u. a. auch mit ihrem späteren Mann, dem niederländischen Violinisten und Dirigenten Willem van Hoogstraten, den sie 1907 während ihrer Lehrtätigkeit am Kölner Konservatorium kennengelernt hatte.

Mit Beginn der NS-Diktatur betrachtete sie es als ihr »heißes Bestreben [...] unserer Jugend die Einheit des gewaltigen Geschehens durch unseren Führer mit den erhabenen Schöpfungen unserer großen Meister nahezubringen«. Gleichzeitig hetzte sie gegen die

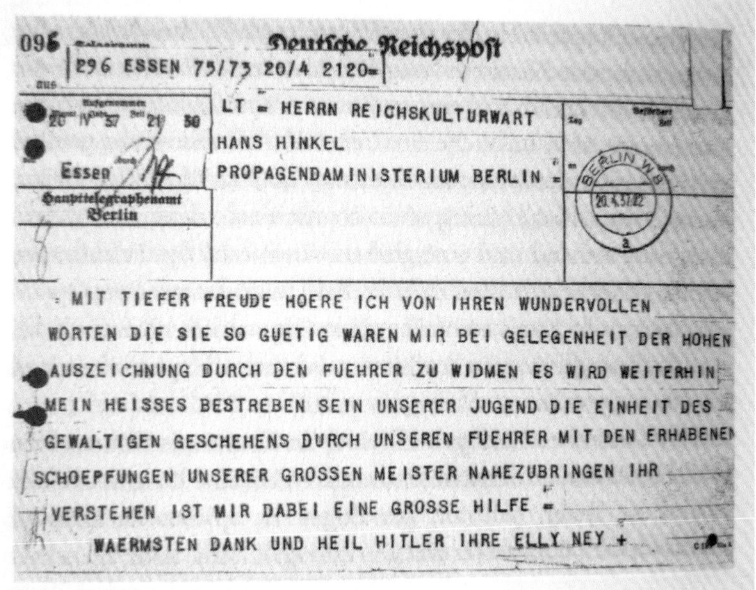

096 Deutsche Reichspost
296 ESSEN 75/73 20/4 2120=
Essen
Haupttelegraphenamt Berlin
LT = HERRN REICHSKULTURWART
HANS HINKEL
PROPAGENDAMINISTERIUM BERLIN =

: MIT TIEFER FREUDE HOERE ICH VON IHREN WUNDERVOLLEN WORTEN DIE SIE SO GUETIG WAREN MIR BEI GELEGENHEIT DER HOHEN AUSZEICHNUNG DURCH DEN FUEHRER ZU WIDMEN ES WIRD WEITERHIN MEIN HEISSES BESTREBEN SEIN UNSERER JUGEND DIE EINHEIT DES GEWALTIGEN GESCHEHENS DURCH UNSEREN FUEHRER MIT DEN ERHABENEN SCHOEPFUNGEN UNSERER GROSSEN MEISTER NAHEZUBRINGEN IHR VERSTEHEN IST MIR DABEI EINE GROSSE HILFE =
WAERMSTEN DANK UND HEIL HITLER IHRE ELLY NEY +

Dankestelegramm Neys an »Reichskulturwart« Hans Hinkel nach der Verleihung des Professorentitels 1937

»Judenpest« und verabscheute es, auch nur in die Nähe jüdischer Menschen zu kommen. So teilte sie dem Berliner Propagandaministerium im Dezember 1940 während einer Tournee aus den besetzten Niederlanden mit: »Es ist mir nicht sehr angenehm, daß ich dort im Hotel Central wohnen muß. Jedenfalls hoffe ich, daß sich dort keine Juden mehr aufhalten, so wie es früher war.«

Ney, für die es das Schönste war, für ihren »innig verehrten Führer« zu spielen, gab ohne Honorar Konzerte für die Hitlerjugend, die Deutsche Arbeitsfront und die Wehrmacht. Sie leitete die Bonner Beethovenfeste und lehrte am Salzburger Mozarteum. Dafür wurde sie hoch geehrt. Neben der Architektin Gerdy Troost wurde ihr vom NS-Regime als einziger Frau der Professorentitel verliehen und 1944 stand sie auf der »Gottbegnadeten-Liste« der wichtigsten NS-Künstler.

Nach 1945 erhielt Ney zunächst Auftrittsverbot, konnte ihre Karriere als Pianistin aber schon in den 1950er Jahren wieder aufnehmen. In ihren »Erinnerungen und Betrachtungen – Mein Leben aus der Musik« (1957) blendet die »Reichsklaviergroßmutter« ihre nationalsozialistische Vergangenheit fast völlig aus.

KÄTHE NIEDERKIRCHNER

Schneiderin, NS-Widerstandskämpferin

1909 Berlin – 1944 KZ Ravensbrück

Käthe Niederkirchner, 1943

Käthe (Katja) Niederkirchner gehört neben → Hilde Coppi oder → Liselotte Herrmann zu den jungen Kommunistinnen, die im Widerstand gegen das NS-Regime große Wagnisse eingingen und dafür mit ihrem Leben bezahlten. In der DDR zur Vorzeigeheldin stilisiert, fehlt ihr Name heutzutage oft in den Nachschlagewerken über den NS-Widerstand.

Niederkirchner war im typischen Berliner Arbeitermilieu aufgewachsen: enge Hinterhauswohnung in einer Mietskaserne, vier Geschwister, der Vater Michael war Rohrleger, Gewerkschaftsfunktionär und strammer Kommunist, der auch seine Kinder zu Klassenkämpfern erzog. Sie war von früh an in KPD-Jugendorganisationen integriert und besuchte auch während ihrer Schneiderinnenlehre Parteischulungen. Für ihren Beruf hatte sie nie viel übrig, aber ihr Vater ließ alle Geschwister ein Handwerk lernen.

Die Niederkirchners waren ungarische Staatsangehörige. Ihre Anträge auf Einbürgerung waren regelmäßig abgewiesen worden, der Ausweisungsbefehl war schon mehrfach ergangen. Käthe Niederkirchner wurde im Herbst 1932 während eines Streiks der Berliner Verkehrsbetriebe bei einer Rede vor einer Frauenversammlung verhaftet und ausgewiesen. 1934 auch ihr Vater, nachdem er bereits in mehreren deutschen Konzentrationslagern gesessen hatte. Die Familie kehrte nicht in das faschistische Ungarn zurück, sondern ging in die kommunistische Sowjetunion – das Land ihrer Träume, in dem allerdings Käthes älterer Bruder Paul 1939 vom Geheimdienst verhaftet und erschossen wurde.

Sie lebte mit ihrer Familie in Moskau, arbeitete für deutschsprachige Rundfunksendungen und heiratete 1941 den späteren DDR-Politiker Heinz Wieland, der in den 1930er Jahren bei der Internationalen Brigade in Spanien gegen Diktator Franco gekämpft hatte. Nach dem

Gedenktafel für Niederkirchner an ihrem Wohnhaus in Berlin-Prenzlauer Berg

Angriff der deutschen Wehrmacht auf die Sowjetunion im Sommer 1941 ließ sie sich als Fallschirmspringerin ausbilden und erhielt im Oktober 1943 den Auftrag, sich als Agentin der Roten Armee in Deutschland einzuschleusen, um kommunistische Widerstandszellen im Kampf gegen die Nazidiktatur zu unterstützen.

Tragisch war ihr weiteres Schicksal: Mit dem Fallschirm landete sie unentdeckt über polnischem Gebiet, wurde aber bereits während der Zugfahrt nach Berlin aufgrund ihrer schlecht gefälschten Papiere enttarnt – ein Stempel im Ausweis fehlte. Sie saß fast ein Jahr in Haft, wurde schwer gefoltert und in der Nacht auf den 28. September 1944 mit knapp 35 Jahren im KZ Ravensbrück erschossen. »Meinem lieben, teuren Vater müßt ihr sagen, daß ich ihm keine Schande gemacht habe. Ich habe niemanden verraten.«

ANNY ONDRA

Filmschauspielerin

1903 Tarnów/Österreich-Ungarn, heute Polen – 1987 Hollenstedt bei Hamburg

In »Blackmail«, einem frühen Film von Alfred Hitchcock

Als Anny Ondra (eigentlich Anna Ondráková), eine in Prag aufgewachsene, österreichische Offizierstochter, an der Seite von Boxweltmeister Max Schmeling zu NS-Deutschlands beliebten Prominenten gehörte, lag ihre Schauspielerinnenkarriere schon fast hinter ihr. Spezialisiert auf die süße, kecke Blonde, die gut sang und ausgezeichnet tanzte, hatte sie als Lieblingsstar von Filmregisseur Karel Lamač in zahlreichen tschechischen und deutschen Filmen gespielt. Nach ihrer Hochzeit mit Schmeling, der sich beim Ansehen der Kinokomödie »Die vom Rummelplatz« (1930) in Ondra verliebt hatte, nahm sie nur noch wenige Rollen an.

Sie und ihr Mann waren keine Nationalsozialisten, ließen sich aber unkritisch vom NS-Regime einspannen, das sich gern mit den Publikumslieblingen der Unterhaltungsbranche schmückte. Noch heute kursiert in Publikationen über das »Dritte Reich« die schlecht aufgenommene, aber medienwirksame Fotografie, auf der Ondra mit Joseph und → Magda Goebbels am »Volksempfänger«, dem von den Nazis auf den Markt gebrachten Radio, sitzt. Daumendrückend verfolgt sie die Übertragung vom Boxkampf ihres Manns gegen den US-Boxer Joe Louis am 19. Juni 1936 im New Yorker Yankee-Stadion. Nach Schmelings spektakulären Sieg erschien das Foto in der »Berliner Illustrirten Zeitung«, der »Führer« schickte Ondra Blumen und bat das Paar in die Berliner Reichskanzlei. Dass ihr Mann mit dem Afro-Amerikaner Louis einen sogenannten »Untermenschen« besiegt hatte, wurde in Nazideutschland als besonderer Triumph empfunden.

Jenseits offizieller Empfänge verkehrten Ondra und ihr Mann auch privat mit der NS-Elite. Nicht nur in der Familie Goebbels waren sie gern gesehene Gäste. Auch Hitler lud sie zum Tee oder zu Ausflügen in die bayerischen Berge ein. Erst nach Schmelings Niederlage gegen Louis am 22. Juni 1938 ließen die Avancen nach und das kin-

Hochzeit mit Max Schmeling im Juli 1933

derlose Ehepaar zog sich auf sein Gut in Ponickel in Pommern (heute Polen) zurück.

Wie andere Prominente, die weder Nazis noch Rassisten waren, sich aber von den Machthabern benutzen ließen, verhielten sie sich nicht konsequent linientreu. Schmeling hielt unerlaubt an seinem jüdischen Manager fest, traf Emigranten im Ausland und versteckte die Söhne des jüdischen Hotelbesitzers David Lewin, bis sie fliehen konnten.

Warum ist das Paar nicht emigriert? Während ihr Mann gefragt wurde, ob er nicht in den USA bleiben wolle, erhielt Ondra Angebote aus Hollywood, die sie ablehnte – vielleicht wegen der Sprache. Eine Filmlaufbahn in Großbritannien, wo sie u. a. in Alfred Hitchcocks »Blackmail« (1929) gespielt hatte, war einst wegen ihres starken Akzents gescheitert.

GRET PALUCCA

Tänzerin, Tanzpädagogin

1902 München – 1993 Dresden

Palucca auf Sylt, 1937

Ihre Auftritte, bei denen sie auf der Bühne nie zuvor gesehene, nahezu akrobatische Sprünge vollführte, lösten beim Publikum immer wieder enthusiastische Begeisterung aus. Die eigenwillige Gret Palucca galt als »Tanzwunder«, als »herrliches junges Raubtier«, ihre Darbietungen wurden als »Tanz der Ekstase« beschrieben. Auf einen derart gefeierten Star wollten später selbst die Nationalsozialisten nicht ganz verzichten, obwohl die Tänzerin »Halbjüdin« war.

Die Münchner Apothekertochter, die im Alter von zehn Jahren erstmals Ballettunterricht erhalten hatte, gehörte zu den Pionierinnen und Größen des modernen Tanzes, der sich radikal vom traditionellen Ballett gelöst hatte, für das sie sich nie wirklich hatte begeistern können, denn sie wollte nicht »hübsch und niedlich« tanzen. Entscheidend für ihre Karriere war ihre Begegnung mit der berühmten, sechzehn Jahre älteren Ausdruckstänzerin Mary Wigman. In deren Dresdner Tanzinstitut ließ sie sich ausbilden und wurde anschließend ihre größte Konkurrentin, als sie 1925 in Dresden ihre eigene »Schule für neuen künstlerischen Tanz« eröffnete.

Ausdrucksstark und scheinbar ohne Vorgaben, barfuß statt in Spitzenschuhen, in fließenden Gewändern statt in steifen Tütüs gestaltete Palucca Choreografien nach der Musik von Debussy und Chopin, Bach, Händel oder Gluck, der »Serenata« von Isaac Albéniz, dem »Rosenkavalier-Walzer« von Richard Strauss oder Beethovens »Mondscheinsonate«. Sie traf damit den beschwingten, experimentierfreudigen Zeitgeist der Zwanzigerjahre und inspirierte sogar damalige Avantgardekünstler wie Wassily Kandinsky und Ernst Ludwig Kirchner, die sie durch ihre Schwiegermutter, die prominente Kunstsammlerin Ida Bienert, kennengelernt hatte. Sie selbst war oft überrascht über die Deutungen, die man ihren Tänzen gab, »ich selber gebe ihnen keine«, so Palucca, »sie sind für mich nichts als Tanz.«

Palucca probt für ihren Auftritt zur Eröffnung der Olympischen Spiele in Berlin, 1936

Wie zahlreiche andere Künstlerinnen und Künstler versuchte sie, sich nach dem Machtantritt der Nationalsozialisten Ende Januar 1933 dem neuen Regime anzupassen, um ihre Karriere fortsetzen zu können. Dafür war sie zu weitgehenden Kompromissen bereit. Da der »Kampfbund für deutsche Kultur« und der nationalsozialistische Lehrerbund es untersagten, mit Juden zusammenzuarbeiten, trennte sie sich frühzeitig und konsequent von ihren jüdischen Mitarbeitern.

»Sprung«, um 1940. Paluccas Soloauftritte lösten Begeisterungsstürme aus.

Sie kündigte ihrer Schulleiterin Tile Rössler, die kurz darauf nach Palästina emigrieren konnte, und löste die langjährige Zusammenarbeit mit ihrem Tanzagenten Arthur Bernstein – wenn auch schweren Herzens, wie dem erhaltenen Briefwechsel zwischen beiden zu entnehmen ist. Bei der Klärung ihrer eigenen Abstammung gab sie an, »bis zu den vier Großeltern herauf« »arischer Abkunft« zu sein und verschwieg damit zunächst erfolgreich ihren jüdischen Großvater mütterlicherseits, der seinen jüdischen Nachnamen »Kohn« schon gegen Ende des 19. Jahrhunderts abgelegt und sich stattdessen nach seiner Frau »Merfeld« genannt hatte.

Nachdem der Versuch gescheitert war, den modernen Ausdruckstanz als »deutschen Tanz« zu etablieren, weil NS-Propagandaminister und »Kulturchef« Joseph Goebbels ihn zu »intellektuell« und »gekünstelt« fand, unterrichtete Palucca auch »Nationaltanz« und das von ihr abgelehnte klassische Ballett. Ihre eigene tänzerische Laufbahn konnte sie im »Dritten Reich« zunächst erfolgreich fortsetzen und galt zeitweise sogar als »deutscheste Tänzerin«. Wie ihre Lehrerin und Konkurrentin Mary Wigman wurde sie um einen Auftritt zur feierlichen Eröffnung der Berliner Olympiade 1936 gebeten – dem Großereignis, auf dem sich die junge Nazidiktatur der Welt von ihrer besten Seite präsentieren wollte. Während Wigman ihre »Totenklage« aufführte, tanzte Palucca einen »Walzer« im Kreis von 2300 jungen Frauen – kein moderner, sondern ein »schöner Tanz«, wie er offiziell erwartet worden war.

Schon im Jahr darauf begannen ihre Schwierigkeiten mit dem NS-Regime. Von einer Kollegin wurde sie als Kommunistin denunziert, da sie in den Zwanzigerjahren mit ihrem damaligen Ehemann, dem Dresdner Industriellensohn Fritz Bienert, ein Telegramm unterschrieben hatte, in dem gegen die Verhaftung von Kommunisten in Budapest protestiert wurde. Bald darauf wurde auch ihre »halbjüdische« Abstammung aufgedeckt. Rassische Verfolgung und Konzentrationslager blieben der berühmten Tänzerin erspart. Sie erhielt nicht einmal ein generelles Auftrittsverbot, durfte aber nur noch bei privaten Veranstaltungen und mit einer »Sondergenehmigung«, die »jederzeit widerruflich« war, auftreten. 1939 wurde schließlich auch ihre Tanzschule geschlossen. Ins Ausland zu gehen, erwog Palucca dennoch zu keiner Zeit.

Nach dem Zweiten Weltkrieg nahm sie die künstlerische Leitung ihrer Tanzschule wieder auf, die sie bis ins hohe Alter von 88 Jahren ausübte. Über ihre Erlebnisse im »Dritten Reich« sprach sie so gut wie nie. »Niemand weiß«, sagte ihre ehemalige Schülerin, die spätere Theaterregisseurin Ruth Berghaus, »wer Palucca war, ist oder sein wird.«

KAROLINE RASCHER,
geb. Wiedemann

Sängerin, Ehefrau des KZ-Arztes Sigmund Rascher

1893 München – 1945 Dachau

Möglichst viele »erbgesunde« Kinder zu bekommen – das erwartete man von »arischen« Frauen in Nazideutschland. Dafür gab es seit 1938 das »Mutterkreuz« (»Ehrenkreuz der Deutschen Mutter«), ein kleiner Anhänger, in Bronze ab vier, in Silber ab sechs und in Gold ab acht Kindern.

Zu welchen Ausmaßen die NS-Ideologie dabei führen konnte, zeigt das erschütternde Verhalten von Karoline Rascher. Die ausgebildete Sängerin, kinderlose Witwe des Schriftstellers Ottokar Diehl und überzeugte Nationalsozialistin lernte 1936 den jungen, ehrgeizigen SS-Mann und Assistenzarzt Sigmund Rascher kennen. Dass sie bereits 43 und damit sechzehn Jahre älter war als er, verschwieg sie ihm. Er stand jedoch ohnehin sofort in ihrem Bann, zumal er beruflich von der Beziehung zu ihr profitierte. Vermittelt durch ihren Freund »Reichsführer-SS« Heinrich Himmler erhielt er 1939 eine Stelle in der Medizinforschung, und wenig später wurde aus dem Berufsanfänger ein sadistischer Wissenschaftler, der im KZ Dachau grausame, oft tödliche Experimente an Insassen vornahm – unter dem regen Interesse seiner Lebensgefährtin, die sehr auf seine Karriere bedacht war.

Heiraten konnten die beiden zunächst nicht. Die für einen SS-Angehörigen nötige Eheerlaubnis wollte Himmler mit dem Hinweis, dass sie nicht mehr im gebärfähigen Alter sei, nicht ausstellen. Wohl aus Angst, ihr »Traummann« könne sie verlassen, begann sie, sich Säuglinge lediger Mütter anzueignen und als ihre eigenen auszugeben. Ihrer Umwelt gegenüber täuschte sie Schwangerschaften vor, bestochene Hebammen stellten Geburtsbescheinigungen aus. Selbst Sigmund Rascher, obwohl Arzt, war angeblich ahnungslos. Nach den »Frühgeburten« von »Peter« und »Volker«, die während seiner Dienstreisen stattgefunden hatten, genehmigte Himmler 1941 doch noch die Eheschließung. Bald wurden auch »Dieter« und »Rainer« »geboren«,

Das NS-Mutterkreuz in Gold wurde deutschen Müttern ab acht Kindern verliehen.

denn »Frau Dr. Rascher« strebte sechs Söhne und damit das silberne Mutterkreuz an. Sie verwickelte sich jedoch zusehends bei ihren »Adoptionen«. Manche Kinder gab sie wieder ab, weil sie sie hässlich oder »rassisch minderwertig« fand. Verlangten Mütter ihr Kind zurück, verwechselte sie es mitunter und übergab das falsche.

Im Frühjahr 1944 schließlich wurde die Münchner Kriminalpolizei auf sie aufmerksam, nachdem sie bei der Übergabe eines Säuglings durch merkwürdiges Verhalten aufgefallen war. Karoline Rascher kam Ende November 1944 in das KZ Ravensbrück, wo sie im April 1945 gehängt wurde. Ihr Mann, der vor Himmler mit seiner Kinderschar geprahlt hatte, gab später zu, bereits nach dem ersten Kind einen Verdacht gehabt, sich aber vor seiner Frau gefürchtet zu haben. Er wurde im KZ Dachau erschossen.

HANNA REITSCH

Pilotin

1912 Hirschberg/Schlesien (heute Jelenia Góra/Polen) – 1979 Frankfurt/Main

Beim Besuch ihrer Heimatstadt Hirschberg, 1941

Hanna Reitsch war bewundernswert furchtlos und erschreckend naiv. In einer Zeit, in der der Pilotenberuf noch fast ausschließlich eine Männerdomäne war, gehörte sie zu den wenigen prominenten Fliegerinnen in Deutschland. Ihre Kollegin → Melitta Schenk Gräfin von Stauffenberg und sie waren 1937 weltweit die ersten, die zum weiblichen »Flugkapitän« ernannt wurden. Für viele ist Reitsch bis heute ein Idol, obwohl sie ihre Rolle in der NS-Diktatur, die sie als prominente Figur über Jahre hinweg gestützt hatte, lebenslang nicht reflektierte. »Es mag eine Führung richtig oder falsch gewesen sein«, resümierte sie nach dem Krieg reichlich brüsk, »das zu beurteilen ist nicht an mir. [...] ich hatte wie [...] Millionen Deutsche nur auf meinem Platz meine Pflicht getan.«

Sie verbrachte ihre Kindheit im schlesischen Hirschberg am Rand des Riesengebirges in einer gutbürgerlichen, deutschnational eingestellten Familie. Auf Wunsch ihres Vaters, eines Augenarztes, begann sie ein Medizinstudium, obwohl sie, nach eigenen Angaben, schon immer »nichts lieber als fliegen« wollte. 1931 nahm sie als einzige weibliche Teilnehmerin an einem Segelflugkurs teil. Ihre Mitschüler, unter ihnen der mit ihr befreundete spätere Raketenkonstrukteur Wernher von Braun, staunten über das talentierte und zähe »kleine Persönchen«. Reitsch war zierlich und nur 1,50 Meter groß.

Kaum zwanzig Jahre alt, gewann sie schon im Jahr darauf den Weltrekord im Nonstop-Segelfliegen für Frauen und steuerte selbstbewusst und entschlossen auf eine Karriere als Pilotin zu. Ihr Medizinstudium brach sie ab. Weitere Flugrekorde folgten: der Frauenweltrekord im Streckenflug (über 160 km), die erste Alpenüberquerung im Segelflugzeug und der Sieg bei den deutschen Segelweitflugmeisterschaften. 1939 führte sie vor verdutzten Zuschauern bei einer Flug-

Flugkapitänin Reitsch

schau in der Berliner Deutschlandhalle mehrfach den ersten Hubschrauber »Focke-Wulf Fw 61« vor.

Reitsch arbeitete als Fluglehrerin an der Segelflugschule ihres einstigen Fluglehrers, dem bekannten Segelflieger Wolf Hirth, und an der Deutschen Forschungsanstalt für Segelflug in Darmstadt. Einen Namen machte sie sich als unerschrockene, risikobereite Testpilotin. Bei einem Testflug schwer am Kopf verletzt, wurde sie 1943 – als einzige Frau überhaupt – sogar mit dem Eisernen Kreuz Erster Klasse ausgezeichnet.

Sie übernahm nicht nur das riskante Einfliegen von neuen Segelflugmodellen, sondern auch von neu entwickelten Militärmaschinen, darunter die »Me 163« der Firma Messerschmitt, ein Abfangjäger mit Raketenantrieb, der, mit einer Spitzengeschwindigkeit von 1000 Stundenkilometern kaum zu orten, zum Abschuss feindlicher Flugzeuge vorgesehen war. Auf ihre Anregung hin wurde im vorletzten Kriegsjahr sogar eine bemannte Variante der »Flugbombe« »V1« (»Vergeltungswaffe«) erprobt. Den legendären japanischen Kamikaze-Fliegern gleich, sollten Piloten die mit Sprengstoff beladenen Flugzeuge im »Selbstopfereinsatz« auf alliierte Einrichtungen stürzen: ein letzter Versuch, die sich längst abzeichnende militärische Niederlage NS-Deutschlands noch abzuwenden. Sie kamen nicht mehr zum Einsatz.

Hanna Reitsch stellte sich als furchtlose Pilotin in den Dienst der NS-Diktatur. Als Testpilotin scheute sie kein Risiko und wurde für ihren Einsatz ausgezeichnet. Hier die Verleihung des Eisernen Kreuzes Zweiter Klasse durch Adolf Hitler im März 1941. Die Auszeichnung mit dem Eisernen Kreuz Erster Klasse folgte 1943.

Nach Kriegsende kam Reitsch in Haft der amerikanischen Alliierten, die an detaillierten Berichten über Nazideutschland und ganz besonders über die letzten Tage des deutschen Diktators Adolf Hitlers hoch interessiert waren. Reitsch gehörte zu den letzten, die ihn lebend gesehen hatten, als sie am 26. April 1945 mit Generaloberst Robert von Greim in das bereits von sowjetischen Truppen eingeschlossene Berlin flog, wo er, anstelle des abtrünnigen Reichsmarschalls Hermann Göring, im Führerbunker die letzten Befehle Hitlers entgegennehmen sollte. Reitsch war bereit gewesen, hier mit ihrem »Führer« und den restlichen Getreuen zu sterben, was er jedoch abgelehnt hatte. Drei Tage später hatte sie Berlin mit Greim wieder verlassen – erneut per Flugzeug über der umkämpften, brennenden Stadt. → Magda Goebbels, die sich gemeinsam mit ihrer Familie im Bunker aufhielt, hatte sie vergeblich angeboten, deren kleine Kinder mitzunehmen und damit vor dem Tod zu retten.

Woher kam diese naive, unverbrüchliche Treue zum »Führer«? Reitsch hatte nie der NSPAP angehört, war keine Antisemitin, den stigmatisierenden Judenstern, den die jüdische Bevölkerung seit 1941 sichtbar an der Kleidung tragen musste, lehnte sie als »unchristlich« ab. Als sie von der Existenz deutscher Vernichtungslager erfuhr, protestierte sie persönlich bei »Reichsführer SS« Heinrich Himmler. Als ihr nach Kriegsende Fotografien aus den Konzentrationslagern gezeigt wurden, tat sie diese allerdings als Gräuelpropaganda ab.

Im November 1946 als »nichtbetroffen« aus US-Kriegsgefangenschaft entlassen, widmete sich Reitsch, die lebenslang ledig und kinderlos blieb, bald wieder ganz dem Fliegen und gewann erneut Segelflugmeisterschaften. Zwischen 1962 und 1966 leitete sie eine Segelflugschule in Ghana. Ihre Flugerlebnisse vermarktete sie erfolgreich in Vorträgen und zahlreichen Büchern, wie »Fliegen, mein Leben« (1951), »Ich flog in Afrika für Nkrumahs Ghana (1968), oder »Höhen und Tiefen – 1945 bis zur Gegenwart« (1978).

ANNELIES VON RIBBENTROP
geb. Henkell
Frau des NS-Außenministers Joachim von Ribbentrop

1896 Mainz – 1973 Wuppertal

In ihrer Berliner Villa (über dem Kamin ein Gemälde von André Derain)

»Nicht vergessen, daß Frau von Ribbentrop die entscheidende Persönlichkeit ist«, hieß es in damaligen Diplomatenkreisen, und wohl nicht nur einem der jungen Diplomaten wurde schnell klar, »daß ich mit ›Madame‹ gut auskommen musste, wenn ich meinen Weg machen wollte«.

Die selbstbewusste und ehrgeizige Annelies von Ribbentrop, eine Tochter des vermögenden Sektfabrikanten Otto Henkell, hatte den späteren deutschen Botschafter in London und anschließenden NS-Außenminister Joachim von Ribbentrop 1919 auf einem Tennisturnier kennengelernt. »Nick« war der Typ »eleganter Gentleman«, weitgereist und gewandt, aber auch ziemlich überheblich, weshalb er intern »Ribbensnob« hieß.

Die 1920 geschlossene Ehe, die ihre Eltern für nicht standesgemäß hielten, da der Schwiegersohn damals weder Geld noch beruflich etwas Reelles vorzuweisen hatte – die Berliner Gesellschaftsreporterin → Bella Fromm nannte ihn ironisch den »Weinreisenden« –, wurde ausgesprochen glücklich. Er arbeitete zunächst für das Unternehmen seines Schwiegervaters, der vieles für das Paar und dessen bald fünf Kinder finanzierte, darunter eine Villa in Berlin, die die ehemalige Kunstgeschichtestudentin Annelies von Ribbentrop mit Gemälden moderner französischer Maler wie Courbet, Monet und Derain ausstattete. Sie besaßen zudem ein Gut in der Mark Brandenburg, ein Pferdegestüt bei Aachen, eine Wohnung in London und

Mit Hermann Göring auf einem Empfang anlässlich der Olympischen Spiele in Berlin 1936

Schloss Fuschl in Österreich – nicht weit von Hitlers bayerischem Berghof entfernt.

Die Berliner Villa war anfangs ein Treffpunkt für einen auch jüdischen Freundeskreis, der nach dem Parteieintritt der Ribbentrops durch hochrangige Nazis ersetzt wurde. 1933 hatte sie als Verhandlungsort zur Koalitionsbildung zwischen Franz von Papen und Hitler gedient, der auch sonst ein gern gesehener Besucher war und als Vegetarier von der Gastgeberin persönlich bekocht wurde.

Beharrlich lenkte Annelies von Ribbentrop die Karriere ihres Ehemanns. Über politische Zusammenkünfte, bei denen sie nicht zugegen sein konnte, ließ sich stets genau von ihm berichten. Sie entschied über die Einstellung von Mitarbeitern und entwickelte politische Pläne für ihn. Der deutsch-sowjetische Nichtangriffspakt vom August 1939, den er in Moskau erfolgreich mit dem sowjetischen Diktator Stalin verhandelt hatte, soll auf ihre Idee zurückgehen, ebenso wie 1940 der Dreimächtepakt zwischen Deutschland, Italien und Japan.

Nach dem Tod ihres Manns, der 1946 als einer der NS-Hauptkriegsverbrecher hingerichtet worden war, machte sie es sich zur Aufgabe, ihn und seine Politik in mehreren Büchern zu rechtfertigen. Sie veröffentlichte auch seine Memoiren »Zwischen London und Moskau«, die er in Haft verfasst hatte.

LENI RIEFENSTAHL

Filmregisseurin, Schauspielerin, Tänzerin, Fotografin

1902 Berlin – 2003 Pöcking/Bayern

In dem Bergfilmdrama
»Die weiße Hölle vom Piz Palü«, 1929

»reichskanzler adolf hitler berlin tief bewegt und beglueckt hoerte ich eben am radio die verkuendung des filmpreises, diese grosse auszeichnung wird mir die krafft geben, fuer sie, mein fuehrer, und fuer ihr grosses werk, neue zu schaffen«, telegrafierte Leni Riefenstahl an Adolf Hitler, nachdem ihr für die Dokumentation der Berliner Olympiade vom August 1936 der Deutsche Filmpreis verliehen worden war.

Auf einer NSDAP-Veranstaltung im Berliner Sportpalast Ende Februar 1932 hatte sie Hitler erstmals reden gehört. »Seine rassistischen Ideen«, so Riefenstahl in ihren Memoiren, »lehnte ich ohne Einschränkung ab [...] seine sozialistischen Pläne begrüßte ich.« Sie nahm Kontakt zu ihm auf und traf von da an häufig mit ihm zusammen, privat oder bei offiziellen Veranstaltungen und Empfängen. Auch im Kreis der Naziprominenz verkehrte sie freundschaftlich. In ihr Berliner Haus, das sie vor ihrer Heirat mit den Offizier Peter Jacob im Jahr 1944 allein bewohnte, lud sie häufig hohe Nazifunktionäre ein.

Sie war eine der ganz wenigen Frauen, die im »Dritten Reich« eine große Karriere machten. Tänzerin, Schauspielerin, Filmregisseurin und Fotografin – in all ihren Berufen war die begabte, zielstrebige und auch wagemutige Riefenstahl erfolgreich. Nachdem sie eine hoffnungsvolle Laufbahn als Solotänzerin wegen einer Knieverletzung hatte aufgeben müssen, spielte sie mit Schauspielerkollege Luis Trenker in damals beliebten Bergfilmen, für die sie Skilaufen, Klettern und Bergsteigen lernte, darunter »Der heilige Berg« (1926, Regie Arnold Fanck) oder »Die weiße Hölle vom Piz Palü« (1929, Regie Fanck/G. W. Pabst). 1932 brachte sie ihren ersten eigenen Film »Das blaue Licht – Eine Berglegende aus den Dolomiten« heraus, in dem sie neben der Hauptrolle auch Regie, Schnitt und Drehbuch übernommen hatte. Er wurde auf der Biennale in Venedig 1932 mit der Silbermedaille aus-

Hitlers Filmregisseurin: Leni Riefenstahl bei den Dreharbeiten zu »Olympia« im August 1936.

gezeichnet und Hitler übertrug ihr daraufhin die Regie offizieller NS-Filmdokumentationen. Auf »Sieg des Glaubens« (1933) über den fünften NSDAP-Parteitag, folgten die Meisterwerke, die Riefenstahls Weltruhm begründeten: »Triumph des Willens«, eine ausdrucksstarke, wenngleich sehr pathetische filmische Umsetzung des Nürnberger Parteitags von 1934, und »Olympia«, ihr legendärer Film über die 1936 in Berlin veranstaltete Olympiade, die durch die Vorspiegelung einer liberalen, weltoffenen Atmosphäre für das NS-Regime ein großer Erfolg geworden war. Er wurde in zwei Teilen als »Fest der Völker« und »Fest der Schönheit« am 20. April 1938 zu Hitlers 49. Geburtstag uraufgeführt. Riefenstahls effektvolle, stark ästhetisierte Aufnahmen durchtrainierter Sportler im Stil antiker Heroen, die gewagten Perspektiven sowie neuartige Fahr- und Schwenkaufnahmen faszinierten ein internationales Publikum. Der Film wurde auch im Ausland mit hervorragenden Kritiken und Preisen ausgezeichnet, während einer USA-Reise Riefenstahls jedoch von der Anti-Nazi-Liga boykottiert.

Kriegsdokumentationen verweigerte sich Riefenstahl, nachdem sie in Polen Augenzeugin eines Massakers deutscher Soldaten an der Zivilbevölkerung geworden war. Ab 1940 konzentrierte sie sich ganz auf ihren aufwendigen Film »Tiefland« nach Motiven einer Oper von Eugen d'Albert. Ohne großen Erfolg wurde er erst 1954 uraufgeführt.

Nach 1945 wurde sie wegen ihrer Verbindung zur Nazielite, wegen Propaganda für das NS-Regime und der Zwangsrekrutierung von Sinti und Roma als Komparsen für »Tiefland« angeklagt. Im Vernehmungsprotokoll der US-Army heißt es, sie habe »niemals begriffen und begreift auch jetzt nicht, daß ihre Kunst einem grausamen Regime Ausdruck verliehen hat und daß sie zu seiner Verherrlichung beitrug.« Dennoch wurde sie als »Mitläuferin« eingestuft.

In ihren 1987 erschienenen, 900-seitigen Memoiren gab sie sich selbst als liberale, den Nazis gegenüber kritische, aber im Prinzip vollkommen »unpolitische Künstlerin«. Wenn man sie beauftragt hätte, so Riefenstahl, hätte sie auch für die Kommunisten gefilmt. Sie schreibt, man habe sie quasi zu den NSDAP-Propagandafilmen gezwungen und vor allem Goebbels sei ihr Gegner gewesen, nachdem sie ihn als Liebhaber abgewiesen habe. Wie viel Dichtung oder Wahrheit ihre mit zahlreichen Dialogen ausgeschmückten Erinnerungen enthalten – wer weiß es? »Es gelang ihr [...]«, resümierte die Psychoanalytikerin Margarete Mitscherlich, »ohne Ahnung von dem zu bleiben, wovon sie keine Ahnung haben wollte.«

In ihr Berliner Wohnhaus lud sie gern Nazigrößen zu Diners mit anschließenden Filmvorführungen ein.

Der bewegte Wolkenhimmel unterstreicht die Dramatik des Sprungs: Fotografie aus ihrem »Olympia«-Film

Riefenstahl, die in der Nachkriegszeit um ihren Ruf und ihre Filmrechte um die fünfzig Prozesse geführt hatte, erlebte später ein Comeback. Mit ihrem damaligen Lebensgefährten, dem mehr als vierzig Jahre jüngeren Kameramann Horst Kettner, filmte und fotografierte sie tropische Unterwasserwelten, wofür sie mit 71 Jahren noch Tauchen gelernt hatte. Ihre Bildbände über den afrikanischen Nuba-Stamm, in denen sie eine Körperästhetik herausarbeitet, die den Darstellungen der Olympia-Sportler von 1936 ähnelt, wurden Welterfolge. Internationale Fotoausstellungen folgten, prominente Künstler wie Andy Warhol oder der Popmusiker David Bowie gehörten zu ihren Fans. Riefenstahls Stil beeindruckt auch noch heutige Zuschauer und beeinflusst bis in die Gegenwart Dokumentarfilmer und Fotografen. Aber auch wenn Riefenstahl, die 101 Jahre alt wurde, Film- und Fotografiegeschichte schrieb – sie bleibt in erster Linie als »Hitlers Regisseurin« im Gedächtnis.

MARIKA RÖKK

Schauspielerin, Tänzerin

1913 Kairo – 2004 Baden bei Wien

Als Revuetänzerin »Monika« im Ufa-Film »Hab mich lieb«, 1942

Die junge Tänzerin und Sängerin Marika Rökk trat in halb Europa in den damals sehr beliebten Revuen auf. Während einer Tournee mit der Zirkusrevue »Stern der Manege«, in der sie als Kunstreiterin zu sehen war, entdeckte sie 1934 der Regisseur Gustav Ucicky. »Er ist zur Direktion gegangen und hat gesagt, ihr müsst sofort nach Wien, da ist eine kleine Ungarin, engagiert dieses Mädchen! Denn sie wird noch Millionen für die Ufa einbringen«, erzählte Rökk später. NS-Propagandaminister Joseph Goebbels, zugleich Chef der NS-Filmindustrie, suchte damals gezielt nach begabten Schauspielerinnen, mit denen er die Ufa zu einem deutschen Hollywood aufbauen konnte.

Die in Budapest aufgewachsene Rökk sprach anfangs schlecht Deutsch und hatte kaum Filmerfahrung, aber mit ihrem Markenzeichen »Herz mit Paprika«, d. h. schöne Beine, sprühendes Temperament und charmanter ungarischer Akzent, etablierte sie sich schnell als einer der Topstars des NS-Unterhaltungsfilms. Musik- und Revuefilme sowie Film-Operetten waren ihre Spezialität. Während Filmkollegin → Zarah Leander die glamouröse Diva und → Kristina Söderbaum die »Unschuld vom Lande« verkörperte, war Rökk auf die Rolle der flotten jungen Frau festgelegt.

Wesentlich zu ihrer Karriere beigetragen hat ihr erster Mann, der 33 Jahre ältere Filmregisseur Georg Jacoby, den sie 1940 geheiratet hatte. Zwischen 1935 und 1944 drehte sie mit ihm nahezu jedes Jahr einen Film mit einer auf sie zugeschnittenen Rolle, darunter »Frauen sind doch bessere Diplomaten«, der erste große Ufa-Farbfilm. Rökk, die nach eigenen Erinnerungen, schon als Kind »von Tisch zu Tisch getanzt« sei, überzeugte vor allem durch ihre fast akrobatischen Tanzeinlagen. Aber auch als Sängerin hatte sie Erfolg. Ihre schmissigen Filmsongs, wie »Ich brauche keine Millionen« oder »In der Nacht ist der Mensch nicht gern alleine«, wurden Evergreens.

Als der jüdische Produktionsleiter der Ufa Alfred Zeisler 1935 emigrierte, kaufte Rökk seine Potsdamer Villa samt Inventar – unweit der Ufa-Filmstudios in Babelsberg.

Mit dem NS-Regime arrangierte sie sich problemlos. Als Ufa-Schauspielerin hatte Rökk enge Berührung zur Nazielite, vor allem zu Goebbels, der sich stets mit weiblichen Stars umgab. Gern erzählte sie, dass Hitler sie einmal fragte »Was, kleine Frau, können Sie eigentlich nicht«, worauf sie keck geantwortet habe »Deutsch, Herr Hitler«. Er soll darüber herzlich gelacht haben.

Nach dem Zweiten Weltkrieg versperrte sie sich der Einsicht, dass sie sich von einer menschenverachtenden Diktatur hatte einspannen lassen. Wie viele ihrer Kolleginnen beharrte sie darauf, politisch vollkommen naiv gewesen zu sein. Beim Publikum nach wie vor beliebt, konnte sie sich beruflich bald wieder etablieren und schauspielerte, tanzte und sang, oft gemeinsam mit ihrer Tochter Gabriele Jacoby, bis ins hohe Alter.

MELITTA SCHENK GRÄFIN VON STAUFFENBERG, geb. Schiller

Pilotin, Luftfahrtingenieurin

1903 Krotoschin/Polen – 1945 bei Straubing/Bayern

Melitta von Stauffenberg, 1943

Wie → Elly Beinhorn oder → Hanna Reitsch zählt Melitta Schenk Gräfin von Stauffenberg zu den deutschen Starpilotinnen ihrer Zeit. Anders als ihre Kolleginnen flog sie jedoch nicht nur, sondern war zugleich auch Luftfahrtingenieurin.

Als Tochter eines preußischen Landesbauinspektors in der damals deutschen Provinz Posen stammte sie aus einem gutbürgerlichen, liberalen Elternhaus. Ihr Vater war konvertierter Jude, was er aber verschwieg. Die Kinder wurden modern erzogen, Sport und Technik waren in ihrer Familie keineswegs nur etwas für Jungen. Melitta studierte technische Physik und erhielt eine Anstellung an der Deutschen Versuchsanstalt für Luftfahrt in Berlin. Dort war sie zuständig für die Weiterentwicklung von Kampfflugzeugen und damit von Anfang an in die Kriegsvorbereitungen des NS-Regimes verstrickt. Genauso bei den Askania-Werken, für die sie ab 1936 Sturzflugvisiere, d. h. Zielinstrumente für die berüchtigten Sturzkampfbomber, entwickelte und in unzähligen hochriskanten Sturzflügen selbst testete.

Während ihrer reibungslos verlaufenden Karriere gelang es ihr, lange Zeit die jüdische Herkunft ihres Vaters zu verschleiern. Erst als ihr Mann, der Althistoriker Alexander Schenk Graf von Stauffenberg, eine Professur an der Universität Würzburg erhielt, verlangte die »Reichsstelle für Sippenforschung« Nachweise und entdeckte 1940 ihre jüdische Abstammung. Jeder anderen hätte daraufhin Konzentrationslager oder Tod gedroht. Da sie für die Weiterentwicklung der »Stukas« unentbehrlich war, wurde Melitta von Stauffenberg, nach der Devise von NS-Luftwaffenchef Göring »Wer Jude ist, bestimme ich!«, jedoch für »deutschblütig« erklärt und an die Luftkriegsakademie in Berlin-Gatow versetzt.

Als Pilotin im Einsatz

Auch nach dem gescheiterten Hitlerattentat ihres Schwagers Claus von Stauffenberg am 20. Juli 1944 hielt das Regime an ihr fest. Wie andere Familienmitglieder kam sie zwar zunächst in Sippenhaft, wurde aber bereits sechs Wochen später entlassen und weiter in der Luftfahrtforschung eingesetzt, wobei sie sich aber nur noch »Gräfin Schenk« nennen durfte.

In ihrer freien Zeit kümmerte sie sich um ihre inhaftierten Angehörigen, die sie mit dem Nötigsten versorgen konnte. Oft kreiste sie über dem Gelände des Konzentrationslagers Buchenwald, in dem ihr Mann inhaftiert war. Es heißt, sie habe ihn befreien und mit ihm ins Ausland fliegen wollen. Stattdessen kam sie tragisch ums Leben: Am 8. April 1945 wurde ihr Flugzeug abgeschossen. Ob durch ein alliiertes Flugzeug oder aber durch die deutsche Flugabwehr – darüber wird bis heute spekuliert.

NINA SCHENK GRÄFIN VON STAUFFENBERG, geb. Freiin von Lerchenfeld

Ehefrau des Offiziers und Hitlerattentäters Claus Schenk Graf von Stauffenberg

1913 Kowno/Kaunas in Litauen – 2006 Kirchlauter

Nina und Claus von Stauffenberg als Verlobte im Sommer 1933

Wie ihr Mann Oberst Claus von Stauffenberg stammte sie als Tochter des Diplomaten Freiherr Gustav von Lerchenfeld aus besten Kreisen. Sie hatte eine standesgemäße Erziehung in einer Bamberger Klosterschule und einem Mädcheninternat in Heidelberg erhalten und war erst sechzehn, als sie 1930 den charismatischen jungen Berufsoffizier kennenlernte, den sie im September 1933 heiratete.

Die Ehe war geprägt von der klassischen Aufgabenteilung und häufigen räumlichen Trennungen. Während sie sich mit den vier Kindern auf dem Familiensitz der Stauffenbergs im schwäbischen Schloss Lautlingen aufhielt, war er beruflich stark eingespannt und verbrachte viel Zeit in Berlin – eine traditionelle »Soldatenehe«, bis Nina Schenk Gräfin von Stauffenberg durch das gescheiterte Hitlerattentat ihres Manns am 20. Juli 1944 unfreiwillig ins Zentrum deutscher Geschichte rückte.

Hitler hatte nur leicht verletzt überlebt und ihr Mann war noch in der gleichen Nacht im Berliner Oberkommando des Heeres standrechtlich erschossen worden. Claus Schenk Graf von Stauffenberg, heute die Symbolfigur des militärischen NS-Widerstands, hatte das Attentat gemeinsam mit anderen Offizieren vorbereitet. Da nur er Zugang zu Hitlers Lagebesprechungen besaß, erklärte er sich bereit, ihn selbst zu töten. Nina von Stauffenberg war in seine Pläne eingeweiht und befürwortete sie. Sie kannte jedoch weder Details noch

Das Frauenkonzentrationslager Ravensbrück. Hier saß Nina von Stauffenberg nach dem gescheiterten Hitlerattentat ihres Manns als »Sippenhäftling« fünf Monate lang in Einzelhaft.

wusste sie, dass ihr Mann selbst der Attentäter sein würde. Für den Fall einer Aufdeckung der Staatsstreichpläne hatte er ihr den »Befehl« gegeben, sich als »dumme kleine Hausfrau mit Kindern« darzustellen.

Aber das NS-Regime nahm erbarmungslos Rache. Am 23. Juli 1944 wurde sie von der Gestapo verhaftet und verbrachte u. a. fünf Monate in Einzelhaft im Frauenkonzentrationslager Ravensbrück, in dem auch ihre Mutter eingesperrt war. Nina von Stauffenberg war damals schwanger mit ihrer Tochter Konstanze (geb. Januar 1945) und wusste nichts über das Schicksal ihrer vier anderen Kinder, die unter falschen Namen in ein Heim in Bad Sachsa gebracht worden waren.

Bei seinem Tod erst 31 Jahre alt, überlebte sie ihren Mann um 62 Jahre. Ihre Loyalität und die unerschütterliche Verbundenheit mit ihm brachte sie auf schöne Weise in einigen Versen zum Ausdruck, die sie in schwersten Stunden in Ravensbrück verfasste: »Du bist bei mir, / Wenn auch dein Leib verging, / Und immer ist's, als ob / Dein Arm mich noch umfing.« Wie alle »Frauen des 20. Juli« ging sie keine weitere Ehe ein. In der frühen Bundesrepublik als Witwe eines »Landesverräters« diffamiert, zog sie sich in ihr Bamberger Elternhaus zurück und sprach kaum über die Vergangenheit.

HENRIETTE VON SCHIRACH, geb. Hoffmann

Ehefrau des NS-Reichsjugendführers und Gauleiters von Wien Baldur von Schirach

1913 München – 1992 München

Mit Rudolf Heß (Mitte) und Baldur von Schirach

Als ältestes Kind von Heinrich Hoffmann, der Hitlers Leibfotograf, »Reichsbildberichterstatter« und ein enger Parteigenosse aus der Frühphase der nationalsozialistischen Bewegung war, wurde Henriette von Schirach sozusagen in den inneren Kreis der Nazielite hineingeboren. »Herrn Hitler« kannte sie bereits als Kind – lange bevor er Ende Januar 1933 zum deutschen Diktator aufstieg. Er war ein gern gesehener Gast in der Münchner Villa ihrer Eltern. »Hitler kam jeden Nachmittag zu uns, schrieb sie rückblickend. »Er erzählte mir die Geschichte der Nibelungen, die Sage vom Schatz am Grund des Rheins und vom Zwergenkönig Alberich.« Er gab ihr sogar Zeichenunterricht, ging mit ihr ins Kino und in Museen und lud sie, als sie zwölf Jahre alt war, erstmals zu den Wagner-Festspielen nach Bayreuth ein. Sie wurde auch zu Parteiversammlungen ins Münchner Löwenbräu mitgenommen und lernte im Fotoatelier ihres Vaters in der Schwabinger Schellingstraße, in dem er der NSDAP-Leitung zeitweise einen Raum überlassen hatte, Rudolf Heß, Julius Streicher, Heinrich Himmler und andere Nazis kennen, die später hohe Parteiämter erhielten. Einige Jahre darauf begegnete sie hier auch Hitlers zukünftiger Geliebter → Eva Braun, die nur ein Jahr älter war als sie und im Atelier Hoffmann eine Ausbildung machte. Sie fand sie zwar »dumm«, amüsierte sich mit ihr dennoch beim Skilaufen oder auf Münchner Faschingsbällen.

Auf dem Berghof mit Ehemann Baldur (hinten) und Hitler

1932, im Alter von neunzehn Jahren, heiratete Henriette Hoffmann den sechs Jahre älteren Baldur von Schirach – ebenfalls ein junger Hitlerprotége, der wie sie in München einige Semester Kunstgeschichte studiert hatte. Neben SA-Stabschef Ernst Röhm gehörte Hitler zu ihren Trauzeugen. Er schenkte dem Paar einen dressierten Schäferhund und veranstaltete in seiner Münchner Wohnung am Prinzregentenplatz im kleinen Kreis eine Hochzeitstafel. Architekt Albert Speer schreibt in seinen Memoiren lakonisch, es handele sich »um eine Ehe, in der sie teilweise seine Macht und er teilweise ihr Geld gemeint hatte.« Denn Henriette Hoffmann war eine gute Partie, da ihr Vater durch die exklusive Vermarktung offizieller Hitlerfotos und -bücher ein Vermögen gemacht hatte. Ihr Mann wiederum stieg vom Führer des NS-Studentenbunds bald zum Reichsjugendführer und 1940 zum Gauleiter von Wien auf.

Henriette und Baldur von Schirach, die vier Kinder bekamen, konnten sich, ähnlich wie Joachim und → Annelies von Ribbentrop einen luxuriösen Lebensstil leisten. Sie bewohnten am Englischen Garten in München das ehemalige Haus des Malers Franz von Defregger, in Berlin eine Villa am Kleinen Wannsee sowie das Barockschlösschen Aspenstein im idyllischen Kochel am See in Oberbayern.

Beim Strafprozess vor dem Internationalen Militärgerichtshof in Nürnberg vom 20. November 1945 bis 1. Oktober 1946 gegen die NS-Hauptkriegsverbrecher wurde auch ihr Mann Baldur von Schirach (hintere Reihe, Dritter von links) angeklagt und zu 20 Jahren Haft verurteilt. Sie setzte sich engagiert für seine Begnadigung ein.

In Wien, wo sie sich dazu berufen fühlten, den gesellschaftlichen Esprit alter Zeiten wieder aufleben zu lassen, repräsentierten sie später im Kreis von Künstlern und Diplomaten feudal in ihrer Dienstvilla, worüber ein Gast spottete, dass »Schirach mit der Tochter des Reichstrunkenboldes Hoffmann als Souverän auftritt«.

Die von Schirachs hielten sich nicht nur für durch und durch kultivierte Menschen, sondern auch für »anständige Antisemiten« – ungeachtet der Tatsache, dass er als Wiener Gauleiter den Auftrag hatte, die Stadt »judenrein« zu machen und zwischen 1941 und 1942 mehr als 65.000 Juden in Konzentrationslager deportieren ließ, von denen nur wenige überlebten. Sie sprach Hitler im Frühjahr 1943 bei einem Besuch auf dem Berghof auf die Deportation von Jüdinnen samt ihren Kindern an, die sie während eines Aufenthalts in Amsterdam beobachtet hatte, wobei sie nicht die Deportation an sich, sondern die schlechte Behandlung der Frauen kritisierte. Hitlers damalige Sekretärin → Traudl Junge berichtet rückblickend, dass Hitler daraufhin wütend wurde, Frau von Schirach in Ungnade fiel und nie wieder auf den Berghof eingeladen wurde.

Während ihr Mann nach Ende des Zweiten Weltkriegs im Nürnberger Hauptkriegsverbrecher-Prozess wegen erwiesener Beteiligung an der Deportation der jüdischen Bevölkerung Wiens zu zwanzig Jahren Haft verurteilt wurde, die er mit dem ehemaligen NS-Rüstungsminister und Architekten Albert Speer sowie dem einstigen Hitlerstellvertreter Rudolf Heß im NS-Kriegsverbrechergefängnis in Berlin-Spandau absaß, kam Henriette von Schirach nach kurzer Internierung mit einer Geldstrafe und einer mehrjährigen Bewährung frei. Obwohl sie inzwischen mit → Leni Riefenstahls Ex-Mann Peter Jacob liiert war und sich 1950 von Baldur von Schirach scheiden ließ, setzte sie sich weiter engagiert für seine Begnadigung ein.

Zur Reflexion über die Vergangenheit nicht in der Lage, distanzierte sie sich auch bei öffentlichen Auftritten lebenslang nicht vom Nationalsozialismus. Stattdessen verfasste sie eine Reihe launiger Erinnerungsbücher über das »Dritte Reich« wie »Der Preis der Herrlichkeit« (1975), »Frauen um Hitler« oder »Anekdoten um Hitler«, in dem sie den »Führer« jenseits seiner beispiellosen Verbrechen einmal anders darstellen wollte: als netten, harmlosen und »gemütlichen Österreicher«.

SYBILLE SCHMITZ

Schauspielerin

1909 Düren – 1955 München

Als »Claire Lennartz« im Science-Fiction-Streifen »F. P. 1 antwortet nicht« (1932)

Ihre dunkelhaarige, herbe und melancholische Schönheit passte eher in die Zeit der Weimarer Republik als zum Frauenideal des NS-Filmgeschäfts, das die blonde Unschuld → Kristina Söderbaum, die temperamentvolle → Marika Rökk und die Diva → Zarah Leander zu Stars gemacht hatte. Aber auch wenn sie nicht die große Popularität ihrer Kolleginnen erreichte, war Sybille Schmitz an der Seite von Gustaf Gründgens, Heinz Rühmann oder Hans Albers im NS-Unterhaltungsfilm zeitweise sehr gefragt.

Die Konditortochter und ehemalige Klosterschülerin hatte bereits an Max Reinhardts Deutschem Theater in Berlin gespielt und kleine Filmrollen in »Tagebuch einer Verlorenen« von Georg Wilhelm Pabst (1929) und »Vampyr« von Carl Theodor Dreyer (1932) verkörpert, als sie ihren Part in den NS-Produktionen fand: den der eigenwilligen, geheimnisvollen Außerseiterin. In »Fährmann Maria« (1936), ihrem besten, jedoch erfolglosen Film, verkörpert sie eine Fremde, die eine Stelle als Fährmann annimmt. In »Abschiedswalzer«, einem Historienfilm über den Komponisten Frédéric Chopin, spielt sie die burschikose Schriftstellerin George Sand in Männerkleidung mit Zigarre. Es folgten mehr als zwanzig weitere Ufa-Streifen, darunter »Titanic« (1943), ein Film über die große Passagierschiffkatastrophe aus dem Jahr 1912, der in Deutschland jedoch nicht gezeigt werden durfte, da der sinkende Ozeandampfer zu sehr an das untergehende »Dritte Reich« denken ließ.

Die Besetzung einer Rolle mit Schmitz war nicht immer einfach, da Propagandaminister Joseph Goebbels, der kein Fan von ihr war, als oberste Instanz der Reichsfilmkammer sämtliche Filmprojekte genehmigte. Sie selbst machte kein Geheimnis aus ihrer Abneigung gegen ihn und berichtete später, dass sie ihn habe abblitzen lassen, nachdem er ihr nachgestellt habe. Auch ihr privates Leben war alles andere als

Obwohl propagandistisch verfälscht und umgedeutet, wurde die Filmaufführung von »Titanic« (1943) in Deutschland verboten. Goebbels befürchtete, dass sich die »Untergangsstimmung« in der angespannten Kriegslage auf die Zuschauer übertragen könnte.

linientreu. Ihr Mann, der deutsch-schwedische Drehbuchautor Harald G. Petersson, mit dem sie während des Zweiten Weltkriegs zurückgezogen im österreichischen Krimml lebte, hatte Kontakt zum NS-Widerstand. Zuhause standen stets zwei gepackte Rucksäcke für die Flucht ins Ausland bereit.

In Nachkriegsdeutschland fand die Schauspielerin kaum noch passende Rollen. »Sybille Schmitz«, kommentierte die »Münchner Abendzeitung«, »scheiterte an der Backfischsucht des deutschen Films.« Sie wurde alkohol- und tablettensüchtig und geriet in Abhängigkeit zu einer Ärztin, die ihr Opioide verschrieb. Nach mehreren Selbstmordversuchen starb sie am 13. April 1955 im Alter von nur 45 Jahren an einer Überdosis. Ihr letzter, tragischer Lebensabschnitt war Vorbild für Rainer Werner Fassbinders Film »Die Sehnsucht der Veronika Voss« (1981).

SOPHIE SCHOLL

Studentin, NS-Widerstandskämpferin

1921 Forchtenberg/Baden-Württemberg –
1943 München

»Kommilitonen! Kommilitoninnen! Erschüttert steht unser Volk vor dem Untergang der Männer von Stalingrad. Dreihundertdreißigtausend deutsche Männer hat die geniale Strategie des Weltkriegsgefreiten sinn- und verantwortungslos in Tod und Verderben gehetzt. Führer, wir danken dir! Es gärt im deutschen Volk [...]. Der Tag der Abrechnung ist gekommen [...]«, heißt es im sechsten und letzten Flugblatt, das Sophie Scholl mit ihrem älteren Bruder Hans am 18. Februar 1943 in der Münchner Ludwig-Maximilians-Universität verteilte, um zum Sturz der Hitlerdiktatur aufzurufen. Am gleichen Tag rief NS-Propagandaminister Joseph Goebbels nach dem verlorenen Kampf im russischen Stalingrad im Berliner Sportpalast zum »totalen Krieg« auf.

Durch die mutigen Flugblattaktionen, die sie mit anderen Mitgliedern der »Weißen Rose«, einer losen, durchweg studentischen Oppositionsgruppe im Kampf gegen das verbrecherische Naziregime unternahmen, wurden die Geschwister weltberühmt. Besonders Sophie Scholl, die dafür als junge Frau von knapp 22 Jahren sterben musste, wurde zur Legende.

Sie war mit vier Geschwistern in einer religiös geprägten, politisch-weltanschaulich interessierten und sehr diskussionsfreudigen Familie aufgewachsen. Wie zahlreiche junge Menschen zunächst vom Gemeinschaftsgefühl und den Freizeitaktivitäten nationalsozialistischer Jugendorganisationen fasziniert – Sophie Scholl leitete als »Scharführerin« sogar eine »Jungmädel-Gruppe« –, war sie nach und nach auf Distanz zum NS-Regime gegangen. Dass ihre jüdischen Freundinnen dem BDM nicht beitreten durften, empörte sie besonders.

Nach dem Abitur machte Sophie Scholl, die vielseitig begabt war und ein besonderes Interesse an Literatur und Philosophie besaß,

Im Hauptgebäude der Münchner Universität erinnert die »Denkstätte Weiße Rose« an die NS-Widerstandsgruppe von Sophie und Hans Scholl. Hier ein Blick in den Lichthof, in dem die Geschwister beim Verteilen von Flugblättern entdeckt und verhaftet wurden.

eine Ausbildung zur Kindergärtnerin, um dem Arbeitsdienst zu entgehen, den sie später allerdings doch antreten musste. Im Mai 1942 kam sie nach München, um Biologie und Philosophie zu studieren. Mit ihrem Bruder, der hier bereits einige Semester zuvor ein Medizinstudium begonnen hatte, lebte sie in einer Wohnung im Gartenhaus der Schwabinger Franz-Joseph-Straße 13. Durch ihn fand sie auch Anschluss an den Kreis der »Weißen Rose«, der nicht nur in München, sondern auch in Saarbrücken, Stuttgart, Freiburg oder Augsburg Anti-Nazi-Flugblätter in Briefkästen warf oder nachts in den Straßen verteilte, Parolen wie »Nieder mit Hitler« und »Freiheit« an Häuserwände schrieb und Kontakt zu anderen Oppositionellen wie dem evangelischen Theologen Dietrich Bonhoeffer oder zur »Roten Kapelle« um Harro und → Libertas Schulze-Boysen in Berlin suchte. »Man muß etwas machen«, sagte Sophie Scholl, »um selbst keine Schuld zu haben.« Seit wann sie selbst an den Widerstandsaktionen und am Verfassen und Herstellen der Flugblätter, die ab Sommer 1942 von ihrem

»Wir sind Euer böses Gewissen!« Durch ihren Widerstand gegen die Nazis wurde Sophie Scholl zur Legende. Das Foto zeigt ihren Porträtkopf (unten) in der Walhalla in Donaustauf bei Regensburg.

Bruder und dessen Kommilitonen Alexander Schmorell in einem Schwabinger Ateliergebäude gedruckt wurden, beteiligt war, ist nicht genau bekannt. Möglicherweise war sie nicht von Anfang an eingeweiht. Sicher ist, dass sie Papier, Umschläge und Briefmarken besorgte, wofür sie von Geschäft zu Geschäft ging, denn der Kauf großer Mengen hätte Misstrauen wecken können.

Wie ihre ältere Schwester Inge Aicher-Scholl rückblickend berichtete, hatten ihre Geschwister am 18. Februar 1943 während der vormittäglichen Vorlesungen Flugblätter in den Gängen der Münchner Universität ausgelegt. Die restlichen Exemplare warfen sie spontan über die Balustrade des großen Lichthofs, was ihnen zum Verhängnis wurde. Der Hausmeister hatte sie beobachtet und ließ sie verhaften. Die Gerichtsverhandlung durch den eigens aus Berlin angereisten, wegen seiner Brutalität und Erbarmungslosigkeit berüchtigten Präsidenten des NS-Volksgerichtshofs Roland Freisler war eine Farce. Das Urteil stand von Anfang an fest. Nur vier Tage später, am 22. Februar, wurden die Scholls wegen »hochverräterischer Flugpropaganda« zum Tod verurteilt und am selben Tag im Münchner Gefängnis Stadelheim guillotiniert. Mit ihnen starb der Medizinstudent Christoph Probst. Wenige Monate später wurden ihre Freunde Willi Graf, Alexander Schmorell und der Münchner Philosophieprofessor Kurt Huber, der an der Formulierung der Flugblätter beteiligt gewesen war, hingerichtet. Andere wurden zu Haftstrafen verurteilt, die Familienangehörigen kamen in Sippenhaft. Soviel Angst hatte das NS-Regime vor einer Handvoll Menschen, die nachdachten und Kritik übten. Wie ihr Bruder hatte Sophie Scholl bis zur letzten Stunde eine ruhige, vollkommen gefasste Haltung gezeigt, die selbst die Gefängniswärter beeindruckte. »Ich bin nach wie vor der Meinung, das Beste getan zu haben, was ich gerade jetzt für mein Volk tun konnte«, sagte sie bei der Gerichtsverhandlung. »Ich bereue deshalb meine Handlungsweise nicht und will die Folgen, die mir aus meiner Handlungsweise erwachsen, auf mich nehmen.« Auch der Briefwechsel zwischen ihr und ihrem Verlobten Fritz Hartnagel, einem damals in Russland stationierten Berufsoffizier, zeugt bis heute vom Intellekt und der charakterlichen Reife der jungen Sophie Scholl.

GERTRUD SCHOLTZ-KLINK
geb. Treusch, NS-Reichsfrauenführerin

1902 Adelsheim/Baden –
1999 Bebenhausen (heute zu Tübingen)

Auf Fotografien wirkt NS-Reichsfrauenführerin Gertrud Scholtz-Klink, die als einzige Frau im »Dritten Reich« ein hohes politisches Amt innehatte, wie das Musterbeispiel einer Nationalsozialistin: bieder, bescheiden und angepasst. Auch weltanschaulich stand die Frau mit dem braven Gretchenzopf voll und ganz hinter dem rückwärtsgewandten, antifeministischen NS-Frauenbild: »Die deutsche Frau, wie wir sie uns denken, muß, wenn die Lage des Volkes es erfordert, verzichten können auf Luxus und Genuß, sie muß geistig und körperlich gesund sein, sie muß aus dem harten Leben, das wir heute zu führen gezwungen sind, ein schönes Leben machen.«

Scholtz-Klink befürwortete die Verdrängung von Frauen aus Berufen, Universitäten und öffentlichen Ämtern und warb für die »Umstellung der Frauenberufsarbeit in Deutschland auf die in der Familie und in der Scholle liegenden Aufgaben.« Dafür schuf sie u. a. Mütterschulungskurse und ein Pflichtjahr in der Land- oder Hauswirtschaft für Schulabgängerinnen. Später im Krieg allerdings unterstützte sie den Einsatz von Frauen als »Soldaten des Führers«.

Im Gegensatz zu den Appellen an ihre Geschlechtsgenossinnen, ganz in ihrer Rolle als Hausfrau und Mutter aufzugehen, war sie selbst eine ehrgeizige Politikerin – obwohl sie dreimal verheiratet war, vier eigene Kinder aus der Ehe mit dem Lehrer Eugen Klink und zusätzlich sechs Stiefkinder durch die Heirat mit dem Arzt und NSDAP-Funktionär August Heißmeyer hatte, mit dem sie 1944 einen weiteren Sohn bekam. Ihre zweite Ehe mit dem Arzt Günther Scholtz soll gescheitert sein, weil sie ständig in Parteiangelegenheiten unterwegs war.

Ihre Parteikarriere hatte sie 1930 nach dem plötzlichen Tod ihres ersten Manns begonnen: »Aber dann kam eines Tages mein Mann, der mit ganzer Leidenschaft bei der SA war, von einer

Empfang bei der NS-Reichsfrauenführerin
auf der Berliner Havelinsel Lindwerder

Großveranstaltung nicht zurück. Man sagte mir, er habe vor Aufregung über den ganzen Aufmarsch einen Herzschlag erlitten. [...] Ich wollte seinen Platz einnehmen [...].« In schneller Folge wurde sie offizielle Parteirednerin, Gaufrauenschaftsleiterin in Baden und Hessen, Referentin im hessischen Innenministerium, Leiterin des Frauenarbeitsdienst und 1934 Reichsfrauenführerin. Trotz ihrer scheinbaren Machtfülle hatten allerdings weiterhin die Männer der NS-Führungselite das Sagen, die auch ohne sie über frauenpolitische Themen entschieden.

Nach Kriegsende verbrachte Scholtz-Klink, die es geschafft hatte, bis 1948 unter falschem Namen unerkannt in Bebenhausen bei Tübingen zu leben, lediglich anderthalb Jahre im Gefängnis. An der NS-Ideologie hielt sie unerschütterlich fest. 1978 erschien ihr Buch »Die Frau im Dritten Reich« mit einigen ihrer alten Reden.

LIBERTAS SCHULZE-BOYSEN

geb. Haas-Heye

Filmkritikerin, NS-Widerstandskämpferin

1913 Paris – 1942 Berlin

Gemeinsam kämpften sie gegen das NS-Regime und bezahlten dafür mit ihrem Leben: Libertas und Harro Schulze-Boysen

»Schön war sie eigentlich nicht, aber sehr reizvoll und verführerisch. [...] Ihre blühende Gesundheit, die Kraft, die von ihr ausging, ihre mannigfaltigen musischen und sportlichen Talente machten sie überall zum Mittelpunkt. Sie fand sich in jeder Gesellschaft zurecht, ob es sich um Grafen, Intellektuelle, Filmschauspieler oder Arbeiter handelte. Sie war optimistisch, lebensdurstig und leichtgläubig«, sagte ihre Freundin Ingeborg Engelsing. Ihre Schwiegermutter Marie-Luise Schulze allerdings fand sie naiv, unreif, klatschsüchtig und beeinflussbar, und die Schauspielerin und NS-Gegnerin Marta Husemann kritisierte ihre »maßlose Eitelkeit«.

Libertas Schulze-Boysen, eine der bekanntesten Frauen des losen, aber relativ weit verzweigten linken Widerstandsnetzwerks, das die Gestapo später »Rote Kapelle« nannte, war zweifellos eine Persönlichkeit. Sie stammte aus besten Verhältnissen. Als Tochter des Kunstprofessors und Modegestalters Otto Ludwig Haas-Heye und seiner Frau Victoria Gräfin zu Eulenburg und Hertefeld war sie in Paris zur Welt gekommen, hatte ein Internat in Zürich besucht, längere Zeit in England und Irland gelebt und viel Zeit an ihrem »Sehnsuchtsort«, dem brandenburgischen Schlossgut Liebenberg, verbracht, das ihrem Großvater mütterlicherseits, einem preußischen Diplomaten und Vertrauten Kaiser Wilhelms II., gehörte. In der Schlosskapelle heiratete sie am 26. Juli 1936 Harro Schulze-Boysen, Sohn eines Marineoffiziers, Jurist, Journalist – und entschiedener Hitlergegner. Durch ihn kam sie in den Widerstand.

Wie Arvid und → Mildred Harnack, ihre engen Verbündeten im Kampf gegen die Nazidiktatur, führte sie mit ihrem Mann eine für ihre Zeit sehr moderne Ehe. Er sah sie nicht als Hausfrau, sondern als »Lebenskamerad und Bundesgenosse« an. Nach außen hin angepasst, machten beide in der NS-Zeit anfangs Karriere. Er kam in der Nach-

Das Berliner Reichskriegsgericht. Hier wurden die Todesurteile über die Frauen und Männer aus dem Widerstandskreis »Rote Kapelle« gefällt.

richtenabteilung des Reichsluftfahrtministeriums unter – quasi im Zentrum der Macht. Libertas wurde Pressereferentin im Berliner Büro der US-Filmgesellschaft Metro-Goldwyn-Mayer (MGM), schrieb für die »Essener Nationalzeitung« Filmkritiken und arbeitete ab 1941 in der Kulturfilmzentrale des Reichspropagandaministeriums, wo sie u. a. für die Begutachtung und die Auswahl von Kulturfilmen zuständig war. Während Harro schon vor Hitlers Machtübernahme ein Nazigegner war, wurde sie 1933 NSDAP-Mitglied, trat aber Anfang 1937 wieder aus.

Mitte der 1930er Jahre begann ihre Widerstandsarbeit. In ihrer Berliner Wohnung veranstaltete das Ehepaar sogenannte »Picknick-Abende«: als Freizeitvergnügen getarnte Treffen mit Regimegegnern aus unterschiedlichen weltanschaulichen Kreisen, auf denen man diskutierte und Anti-Nazi-Flugschriften verfasste. In der Kulturfilmzentrale sammelte Libertas außerdem heimlich Bildmaterial über die Gewaltverbrechen von SS und Wehrmacht, u. a. über die Massenmorde an Juden im Osten. »Im Rahmen ihrer Arbeit«, so die US-amerikanische Autorin Shareen Blair Brysac, »sah sie sich jeden Film,

Schloss Liebenberg in Brandenburg. Das bei Berlin gelegene Schlossgut, in dem sie einen Teil ihrer Kindheit verbrachte, gehörte ihrem Großvater Philipp Fürst zu Eulenburg und Hertefeld. In der Schlosskapelle (Libertas-Kapelle) informiert heute eine Fotoausstellung über ihr Leben und den NS-Widerstand.

der von der Front kam, genau an. […] für den Zeitpunkt […] an dem die Verbrecher für ihre Untaten zur Verantwortung gezogen werden sollten.« Aus Angst vor Entdeckung vernichtete Libertas ihre Dokumentation später.

Die »Rote Kapelle« wurde im Sommer 1942 enttarnt. Harro wurde am 31. August in seinem Büro verhaftet, Libertas, auf der Flucht zu Freunden nach Traben-Trarbach an der Mosel, am 8. September im Zug festgenommen und ins Gefängnis des Reichssicherheitshauptamts in der Berliner Prinz-Albrecht-Straße 8 gebracht (heute dort Topografie des Terrors). Hier fasste sie unbedacht Vertrauen zu der Sekretärin Gertrud Breiter, der sie Briefe an ihre Mutter übergab, Details über ihre Widerstandsaktivitäten berichtete und bat, noch nicht verhaftete Mitglieder ihrer Gruppe zu warnen. Es war eine

Falle: Breiter war ein Spitzel, die Gestapo erfuhr alles, es kam zu weiteren Verhaftungen.

Von Mitte September an saß Libertas Schulze-Boysen im Gerichtsgefängnis Berlin-Charlottenburg. Am 19. Dezember wurde sie gemeinsam mit zehn weiteren Angeklagten, darunter ihr Mann Harro und das Ehepaar Harnack, vom Reichskriegsgericht wegen »Vorbereitung zum Hochverrat, Feindbegünstigung und Spionage« zum Tod verurteilt. Drei Tage später starb sie, erst 29 Jahre alt, in der Hinrichtungsstätte Berlin-Plötzensee durch die Guillotine, wie vor und nach ihr neunzehn weitere Frauen der »Roten Kapelle«. »So lasst mir doch mein junges Leben«, hatte sie am Ende verzweifelt geschrien.

War sie ein »Opfer« ihres Manns? Im Urteil hieß es: »Sie war ursprünglich Nationalsozialistin und hatte die Absicht, Führerin im Arbeitsdienst zu werden. Sie ist dann aber ihrem Mann gefolgt, hat seine Auffassung zu der ihrigen gemacht und ist auch für ihre Person aktiv geworden.« Ihrem Freund, dem zur »Roten Kapelle« gehörenden Schriftsteller Günther Weisenborn, hatte sie schon vor ihrer Verhaftung gestanden, dass sie die permanente Angst kaum noch ertragen könne, sie habe fünf Jahre lang loyal für Harro gearbeitet »und auf jede einzelne dieser Arbeiten stand der Tod.« Marta Husemann äußerte rückblickend, dass man Libertas Schulze-Boysen »niemals in die illegale Arbeit hätte einweihen dürfen.«

KRISTINA SÖDERBAUM

Schauspielerin

1912 Stockholm – 2001 Hitzacker bei Hamburg

Das »arische Supergirl« mit Ehemann und Regisseur Veit Harlan

Die Schwedin Kristina Söderbaum war einer der Topstars des NS-Films. Kinobesucher kannten sie schlicht als »Reichswasserleiche«, da sie in gleich mehreren Rollen einen tragischen Tod durch Ertrinken erleiden musste.

Sie wurde 1937 von dem prominenten, dreizehn Jahre älteren Regisseur Veit Harlan entdeckt. Nach seiner Scheidung von der Schauspielerin Hilde Körber heirateten sie 1939 und bekamen zwei Söhne. Angeblich hatte Propagandaminister Goebbels zuvor versucht, Harlan zu einer Scheinehe mit seiner Geliebten, der Schauspielerin → Lída Baarová, zu überreden, was diese in ihrer 1983 erschienenen Autobiografie jedoch dementiert.

Söderbaum, die ausschließlich an der Seite ihres Manns drehte, wurde stets in der weiblichen Hauptrolle besetzt. Jung, blond und natürlich, war sie, im Unterschied zu ihrer mondänen Landsmännin → Zarah Leander, die schlichte, leidensfähige und treu ergebene »Unschuld vom Land«, u. a. als verzichtende Ehefrau in »Immensee« oder als junge Todkranke in »Opfergang«.

Zwischen 1943 und 1944 entstand der Historienschinken »Kolberg«, der mit Tausenden Statisten und mehr als acht Millionen Reichsmark Produktionskosten der teuerste NS-Film wurde. In ihm widersteht die gleichnamige Stadt erbittert der Belagerung durch die Truppen Napoleons. Söderbaum ist als Bauerntochter Maria zu sehen, die die Härten des Kriegs, den Verlust des Hauses und den Tod von

In dem NS-Durchhaltefilm von 1943/44 über die Verteidigung der Festung Kolberg 1806/07 spielte Kristina Söderbaum an der Seite von Heinrich George.

Vater und Bruder tapfer erträgt. Ein Appell an die deutschen Frauen in der letzten Phase des Zweiten Weltkriegs?

Auch in Harlans berüchtigtem antisemitischen Filmmachwerk »Jud Süß« (1939/40), nach Lion Feuchtwangers gleichnamigem historischen Roman über den Württembergischen Hofjuden Joseph Süß Oppenheimer, spielt sie die weibliche Hauptrolle: die tugendhafte junge Dorothea Sturm, die Oppenheimers lüsternen Verfolgungen nachgibt, um ihren verhafteten Ehemann zu retten, und sich danach aus Scham ertränkt. Bis Kriegsende hatten den Film mehr als zwanzig Millionen Deutsche gesehen. Harlan sagte später, er habe ihn eigentlich nicht machen wollen, sich aber Goebbels' Druck beugen müssen.

Nach 1945 stand ihr Mann in zwei aufsehenerregenden Prozessen vor Gericht, wurde aber vom Vorwurf mit »Jud Süß« zur Judenverfolgung und zu »Verbrechen gegen die Menschlichkeit« beigetragen zu haben, freigesprochen. Er drehte wieder, mit Söderbaum in den Hauptrollen. Die Filme blieben jedoch von Protesten begleitet, sodass sie noch 1993 klagte: »[...] verjährt nicht auch einmal für mich die Schuld?«

Nach Harlans Tod im Jahr 1964 wurde sie Porträt- und Modefotografin. 1993 stand sie in dem Thriller »Night Train to Venice«, in dem sie ausgerechnet von Neonazis verfolgt wird, das letzte Mal vor der Kamera.

JOHANNA SOLF, geb. Dotti
NS-Widerstandskämpferin

1887 Neuenhagen bei Berlin – 1954 Starnberg/Bayern

Johanna Solf (vorn links) als Zeugin bei den Nürnberger Prozessen, 1947

Nur durch Glück entging Johanna Solf der Todesstrafe. Im Strafverfahren »Solf und 5 andere« wegen »Hochverrat, Wehrkraftzersetzung, Feindbegünstigung und Defätismus« angeklagt, wartete sie gemeinsam mit ihrer Tochter Lagi Gräfin von Ballestrem im Gefängnis Berlin-Moabit auf ihren Prozess. Er kam nicht mehr zustande. Zwei Tage vor dem Gerichtstermin, am 3. Februar 1945, starb der Präsident des NS-Volksgerichtshofs Roland Freisler bei einem alliierten Bombenangriff, die Prozessakten gingen verloren. Am 23. April 1945, unmittelbar vor Kriegsende, wurden Solf und ihre Tochter aus dem Untersuchungsgefängnis entlassen.

Bereits durch ihren Mann, den 25 Jahre älteren Diplomaten und Botschafter Wilhelm Heinrich Solf, mit dem sie im damaligen Deutsch-Samoa (Polynesien) und zwischen 1921 und 1928 in Japan gelebt hatte, besaß sie Kontakt zu Oppositionellen. Er hatte sich nach dem Machtantritt Hitlers für bedrohte Juden und politisch Verfolgte eingesetzt und ihnen durch seine internationalen Verbindungen Visa verschaffen können. Nach seinem Tod im Jahr 1936 setzte Johanna Solf sein Engagement fort. Gemeinsam mit ihrer Tochter Lagi, die länger in Shanghai gelebt hatte, besorgte sie zahlreichen Menschen Papiere zur Flucht aus NS-Deutschland. Für die Zwischenzeit vermittelte sie ihnen Verstecke, auch in der Wohnung ihrer Tochter. Solfs

Mehrere Monate des Jahres 1944 war Solf im Konzentrationslager Ravensbrück inhaftiert. Im Bild das ehemalige Kommandanturgebäude.

Berliner Haus diente in dieser Zeit als Treffpunkt von Hitlergegnern, die sie zu »Teegesellschaften« einlud. Zu den später als Solf-Kreis bezeichneten Teilnehmern, meist Diplomaten und Anwälte, zählten auch couragierte Frauen wie die Gräfinnen → Maria von Maltzan und → Hannah von Bredow, die Pädagogin → Elisabeth von Thadden, die Juristin Hanna Kiep oder die Schauspielerin Isa Vermehren.

Als sich die Gruppe, die bereits seit längerem von der Gestapo beobachtet wurde, am 10. September 1943 zu einer Feier bei Elisabeth von Thadden traf, nahm auch der Arzt Paul Reckzeh teil – ein Gestapo-Spitzel, der die Anwesenden anschließend denunzierte. Solf wurde am 12. Januar 1944 verhaftet und, obwohl sich der japanische Botschafter in Berlin für sie eingesetzt hatte, ins KZ Sachsenhausen und bald darauf nach Ravensbrück gebracht, wo inzwischen auch ihre Tochter inhaftiert war. Grausame Monate mit Dunkelhaft, Hunger und Kälte folgten.

1953 schrieb Solf, die zu den wenigen Überlebenden ihres Widerstandskreises gehörte, an den Schriftsteller Günther Weisenborn: »Als meine wichtigste Aufgabe sah ich an, vom ersten Tag an aufklärend zu wirken und die außergewöhnlichen Beziehungen, die ich zum Ausland hatte, zu benutzen, um zu zeigen, daß es auch wahre Deutsche gibt.«

ELISABETH VON THADDEN

Pädagogin, Schulleiterin, NS-Widerstandskämpferin

1890 Mohrungen/Ostpreußen (heute Morąg/Polen) –
1944 Berlin

Elisabeth von Thadden (li. am Kamin) im Kreis ihrer Schülerinnen im Internat Schloss Wieblingen bei Heidelberg

Elisabeth von Thadden war eine tiefgläubige evangelische Christin. Mit Politik hatte sie eigentlich nichts zu tun. Aber in einer menschenverachtenden Diktatur wie dem Hitlerregime wollte sie »barmherziger Samariter« sein, wofür sie mit ihrem Leben bezahlen musste.

Die ostpreußische Landratstochter und gelernte Wohlfahrtspflegerin, die u. a. in der Internatsschule Schloss Salem gearbeitet hatte, gründete 1927 in Schloss Wieblingen bei Heidelberg ein eigenes, später in das bayerische Tutzing verlegtes Landerziehungsheim für Mädchen. Ihre Schülerinnen, zu denen auch in der NS-Zeit stets Jüdinnen gehörten, erzog sie »in aufrechtem Geist gegen die Tyrannei«, wie ihre Freundin, die Journalistin Nora Winkler von Kapp, später äußerte. Sie lernten Haushaltsführung und Säuglingspflege genauso wie Volkswirtschaft, Geschichte und Fremdsprachen. Konzert- und Theaterbesuche sowie gemeinsame Auslandsreisen sollten den Horizont der Mädchen erweitern. Dabei betrachtete sich von Thadden als durchaus konform zur NS-Ideologie. Im Schulprospekt schrieb sie von der entscheidenden »Mithilfe der Frau beim Neuaufbau Deutschlands«. Doch es kam zu Schikanen und lächerlichen Denunzierungen,

Stolperstein vor der Carmer Straße 12 in Berlin-Charlottenburg, wo sich einst ihr Wohnhaus befand

u. a., weil kein Hitlerbild in der Schule hing und nicht genügend Soldatenstrümpfe gestrickt würden. 1941 wurde ihr die Schulleitung entzogen, da sie »keine ausreichende Gewähr für eine nationalsozialistische Erziehung« biete. Von Thadden ging als Mitarbeiterin des Roten Kreuzes nach Berlin, wo sie sich in der oppositionellen »Bekennenden Kirche« engagierte und im regimekritischen Gesprächs- und Helferkreis von → Johanna Solf verkehrte. Auf die Empfehlung einer Freundin vertrauend, lud von Thadden zur Geburtstagsfeier ihrer Schwester Anza am 10. September 1943 neben ihren Freundinnen und Freunden auch den Arzt Paul Reckzeh ein – ein Gestapo-Spitzel, der den Solf-Kreis denunzierte.

Von Thadden, damals für das Rote Kreuz in Frankreich tätig, wurde am 13. Januar 1944 in Meaux verhaftet und ins KZ Ravensbrück gebracht, in dem u. a. auch Johanna Solf eingesperrt war. Lange quälende Verhöre folgten. In einem Abschiedsbrief schrieb von Thadden, die furchtbar darunter litt, ihren Freundeskreis versehentlich der Gestapo ausgeliefert zu haben: »Mir ist kein Wort entschlüpft, was andere belastet hätte.« Der NS-Volksgerichtshof verhängte die Todesstrafe, weil sie durch Äußerungen wie »siegen können wir nicht mehr« die Wehrkraft beeinträchtigt habe. Am 8. September 1944 starb von Thadden in der Hinrichtungsstätte Berlin-Plötzensee durch die Guillotine.

WINIFRED WAGNER, geb. Williams

Festspielleiterin, Ehefrau von Siegfried Wagner

1897 Hastings/Großbritannien – 1980 Überlingen/Bodensee

Winifred Wagner begrüßt Hitler 1939 zu den Wagner-Festspielen in Bayreuth – ein kulturelles Großereignis in NS-Deutschland.

Sie war eine prominente Figur des berühmten, wegen seiner zeitweisen Nähe zur Nazielite immer wieder kritisierten Bayreuther Wagner-Clans. Als unverbrüchlich treue Freundin von Adolf Hitler hat sie sich selbst ein schlechtes Image erworben.

Winifred Wagner, geb. Williams, war Engländerin. Sie hatte früh ihre Eltern verloren, war mit zehn Jahren zu Henriette und Karl Klindworth, entfernten älteren Verwandten, nach Deutschland gekommen und in der Reformsiedlung Eden bei Berlin aufgewachsen. Hier wurde die Basis für ihr späteres Leben gelegt, denn ihre Adoptiveltern waren stramm deutschnational, antisemitisch und große Verehrer der Opern von Richard Wagner. Karl Klindworth, selbst Musiker, nahm sie 17-jährig erstmals mit zu den Wagners nach Bayreuth, wo sie sich in Siegfried Wagner verliebte – 28 Jahre älter als sie, Komponist und Dirigent sowie einziger Sohn und Nachfolger des 1883 verstorben legendären Opernkomponisten. Bereits im Jahr darauf heirateten sie. Es verwundert, wie sich eine so junge Frau im angestaubten Milieu des Wagner-Haushalts einleben konnte, in dem nicht nur ihre wesentlich älteren Schwägerinnen Daniela und Eva mitredeten, sondern auch Richard Wagners hochbetagte Witwe Cosima wohnte und ihr toter Schwiegervater wie ein Heiliger verehrt wurde. Vieles aus dem Besitz des »Meisters« lag noch an alter Stelle und durfte nicht angerührt werden. Aber Winifred Wagner ging in ihrer neuen Rolle auf, neben der Erziehung ihrer vier Kinder Wieland, Friedelind, Wolfgang

Die Wagner-Villa in Bayreuth, in der sie seit 1916 zu Hause war

und Verena unterstützte sie die Arbeit ihres Manns, der die jährlichen Wagner-Festspiele leitete. Seine Affären mit Männern tolerierte sie. Sie fand sich so intensiv in die Proben, dass sie nach seinem frühen Tod im Jahr 1930 selbst die Festspielleitung übernehmen konnte. Sie drängte ihre Schwägerinnen aus der Mitarbeit, engagierte den Bühnenbildner Emil Preetorius, die prominenten Dirigenten Wilhelm Furtwängler und Arturo Toscanini sowie den Regisseur und Generalintendanten der Preußischen Staatstheater Heinz Tietjen, der ihre große Liebe wurde.

Ihr bester Freund aber war Adolf Hitler – schon lange bevor er 1933 an die Macht kam. Sie hielt ihn für den Retter Deutschlands, der »[...] sein Leben seiner Idee eines geläuterten, einigen, nationalen Großdeutschland zum Opfer bringt [...].« Seit 1926 Parteimitglied warb sie engagiert für ihn und die NSDAP. Als er nach seinem gescheiterten Putschversuch vom 9. November 1923 in der Festung Landsberg am Lech einsaß, schickte sie ihm Lebensmittelpakete und Papier für sein politisches Manifest »Mein Kampf«, das er während der Haftzeit verfasste. In der Bayreuther Wagner-Villa, die ein prominenter Treffpunkt für Nationalsozialisten der ersten Stunde wurde, verkehrte »Wolf« als gern gesehener Hausfreund, und »Winnie« hätte ihn nach dem Tod ihres Manns wohl durchaus geheiratet. Er war auch bei ihren

Das Bayreuther Festspielhaus. Hier leitete Winifred Wagner seit 1930 die jährlichen Richard-Wagner-Festspiele.

Kindern beliebt, kannte und schätzte die Bücher des antisemitischen Schriftstellers Houston Stewart Chamberlain, mit dem Eva Wagner verheiratet war, und zeigte sich vor allem als begeisterter Anhänger der Musik Richard Wagners. Die Familie wiederum gewann durch diese Freundschaft enorme öffentliche Aufmerksamkeit und finanzielle Unterstützung, sodass sich die Festspiele in der Ära Winifreds zum hochrangigen Kulturevent des NS-Regimes entwickelten.

In eklatantem Widerspruch zu ihrer erschütternd naiven Hitlerverehrung stand ihre große Bereitschaft, politisch und rassisch Verfolgten zu helfen. »Sie war empört über die ganzen Judenverfolgungen und sagte mir, daß sie [...] eine Unterredung mit Hitler wegen dieser Judenverfolgungen gehabt und gesagt habe, was diese armen Juden wohl verbrochen haben, daß man sie jetzt so leiden lässt«, äußerte eine Bekannte aus dem »Richard-Wagner Verein deutscher Frauen« 1934. Auch vom Regime verfolgten Sozialdemokaten und Kommunisten half Winifred Wagner, indem sie sie im Festspielhaus anstellte. Dabei intervenierte sie ausdrücklich als »alte Nationalsozialistin«, fest davon überzeugt, dass sie damit die Interessen des geliebten »Führers« vertrat, der, wie sie glaubte, von den brutalen Machenschaften seiner Parteileute nichts wusste. Hitler jedoch zog sich allmählich von ihr zurück. Bei den Wagner-Festspielen im Jahr 1940 sahen sie sich das letzte Mal.

Wie → Leni Riefenstahl, → Hanna Reitsch und andere Frauen der Nazielite behauptete Winifred Wagner nach 1945, sie sei an Politik immer uninteressiert gewesen. So wurde sie als »minderbelastet« eingestuft, erhielt aber Berufsverbot. Ihre Söhne, die zu ihr auf Distanz gingen und ihr später sogar das Betreten des Festspielhauses untersagten, übernahmen die Leitung der Wagner-Festspiele.

In Hans-Jürgen Syberbergs Dokumentarfilm »Winifred Wagner und die Geschichte des Hauses Wahnfried 1914–1975« schockte sie noch 1975 mit ihrem Bekenntnis zum »Führer«: »Wenn der Hitler zum Beispiel heute hier zur Tür hereinkäme, ich wäre genauso fröhlich und glücklich, ihn hier zu sehen und zu haben wie immer, und alles, was also ins Dunkle geht bei ihm, ich weiß, dass das existiert, aber für mich existiert es nicht, weil ich diesen Teil nicht kenne.« Gemeinsam mit alten Gesinnungsgenossinnen wie Gerdy Troost und → Ilse Heß trauerte sie um »USA« (»Unser Seliger Adolf«), schränkte, im Unterschied zu ihnen, allerdings ein: »[...] was man heutzutage ihm alles zur Last legt [...] alles andere bedaure ich aufs Tiefste [...].«

LITERATUR

Friedemann Beyer: Frauen für Deutschland – Filmidole des Dritten Reichs, München 2012

Ernst Klee: Das Kulturlexikon zum Dritten Reich. Wer war was vor und nach 1945, Frankfurt am Main 2007

Martha Krauss (Hg.): Rechte Karrieren in München – von der Weimarer Zeit bis in die Nachkriegsjahre, München 2010

Ulrike Leutheusser (Hg.): Hitler und die Frauen, Stuttgart 2001

Martha Schad: Sie liebten den Führer. Wie Frauen Hitler verehrten, München 2009

Martha Schad: Frauen gegen Hitler – vergessene Widerstandskämpferinnen im Nationalsozialismus, München 2010

Anna Maria Sigmund: Die Frauen der Nazis, 3 Bde., München 2000

Albert Speer: Erinnerungen, Berlin 1969 (weitere Auflagen)

Impressum

© Edition Braus Berlin GmbH, 2019
Prinzenstraße 85
10969 Berlin
www.editionbraus.de

Lektorat: Anne Scholz

Gestaltung und Herstellung:
typo//designbüro, Uta Thieme, Berlin

Druck und Bindung:
Neografia, a.s., Slowakei

ISBN 978-3-86228-200-5

Bildnachweis:

akg-images: S. 38, S. 153

akg-images / Imagno: S. 17

Archiv Walter Frentz: S. 127

Archiv der Elisabeth-von-Thadden-Schule: S. 156

Bayerische Staatsbibliothek München: S. 25, S. 53, S. 146

Leopold Bill von Bredow: S. 32, S. 33, S. 34, S. 35

Bundesarchiv: S. 44, S. 54, S. 58, S. 108, S. 113, S. 120, S. 122, S. 138

Hans Coppi jun.: S. 41

Deutsches Historisches Museum: S. 8, S. 10, S. 57, S. 148
Deutsches Historisches Museum / Bildagentur: Keystone View Company: S. 6
Deutsches Historisches Museum / Liselotte Orgel-Köhne: S. 147

Deutsches Historisches Museum / Bildagentur: Presse-Foto Röhnert: S. 49

Gedenkstätte Deutscher Widerstand: S. 40, S. 104, 134, S. 154

Institut für Zeitgeschichte München: S. 72

Christiane Kruse (Fotografien): S. 14, S. 23, S. 37, S. 46, S. 70, S. 71, S. 73, S. 77, S. 97, S. 111, S. 128, S. 13, S. 135, S. 143, S. 144, S. 149, S. 150, S. 155, S. 157, S. 160

Zarah-Leander-Archiv: S. 88, S. 89

Freya-von-Moltke-Stiftung: S. 102, S. 103

Sächsische Landesbibliothek: S. 83

Ullstein Bild: S. 115
Ullstein Bild / James E. Abbe: S. 43
Ullstein Bild / Walter Frentz S. 28, S. 30
Ullstein Bild / TopFoto: S. 100
Ullstein Bild / Roger Viollet: S. 29

Stiftung Weimarer Klassik: S. 47

Privatbesitz: S. 76, S. 86, S. 92, S. 93, S. 94, S. 98, S. 99, S. 109

Umschlagabbildung:
Aus der Dia-Serie »Blut und Boden«, die in der NS-Zeit zu Schulungszwecken verbreitet wurde. © bpk-Bildagentur